사탄의 삼대 속임수

이상남 목사 지음

KB205996

도서
출판 **최선의 삶**

사탄의 삼대 속임수

저자 서문

할렐루야!

일 생 "나의 나된 것은 하나님의 은혜라"(고전 15:10절)고 간증하던 사도바울의 고백처럼 먼저 비천하고 추하고 불충한 종을 시대말에 땅끝선교의 추수군으로 불러써주시는 성삼위 하나님께 감사와 찬송과 영광을 돌려드립니다.

수년전부터 성령하나님께서는 나에게 사탄의 3대 속임수에 관해서 깨우쳐 주시면서 그 사탄의 3대 속임수를 올바르고 깊게 파헤쳐 전세계 주의 종들과 종말시대 모든 성도들에게 시급히 일깨워 주라는 강력한 성령님의 분부와 감동을 주셨습니다.

아울러 성령 하나님께서는 부족한 종에게 지금도 거짓의 원조가 되는 사탄의 온갖 속임수에 속고 미혹되어 죄악의 멸망과 미로의 구렁텅이에 빠져 죽어가고 있는 수 많은 전세계 영혼들을 올바른 생명의 복음으로 구원해내고 참된 진리의 길로 인도해내라고 하는 시대적 사명을 부여해주셨습니다.

그럼에도 불구하고 일선 목회자와 전도자로 사역하기에 동분서주하다 보니 항상 시간이 모자란다는 합리적 구실하에 계속 미루어오던 중에 금년 여름 겨우 한주간의 특별저술기간을 얻은 기회에 뒤늦게나마 "사탄의 3대 속임수"라는 소책자를 저술하게 되었음을 성삼위 하나님께 깊은 감사를 드리는 바입니다.

바라기는 앞으로 이 소책자를 읽는 모든 독자들이 간교한 사탄의 3대 속임수에서 하루 속히 벗어나서 참된 복음 진리 안에서 자유함을 얻는 새생명의 역사와 변화가 일어날 수 있기를 주님의 이름으로 축원하는 바입니다.

"진리를 알지니 진리가 너희를 자유케 하리라"(요 8:32절) 할렐루야!

이 작은 소품을 주님의 이름으로 전세계 주의 종들과 성도들에게 드리는 바입니다.

세계등대교회

주님의 사랑에 빚진 종 이상남목사

목차

총론

오늘날 종말시대를 살아가고 있는 우리 주의 종들과 성도들이 누구나 반드시 시급하게 알아야만할 중대한 사실이 있다. 그것은 바로 저 간교한 사탄의 세 가지의 큰 속임수에 관한 사실이다.

그 첫 번째가 기독교의 본질에 관한 속임수요,

그 두 번째가 인간의 기본 구성요소인 영과 혼과 몸에 관한 속임수요,

그 세 번째가 성도들의 영적 눈을 가리우는 속임수이다.

이와 같은 사탄의 삼대 속임수는 우리가 알아도 좋고 몰라도 괜찮은 한낱 종교적 지식에 불과한 선택과목이 아니라 하나님의 백성이라면 누구나 반드시 알고 믿어야할 필수과목이요, 절대적인 복음진리의 사실들이다.

일찍이 주님께서는 사탄의 근본정체에 대해서 다음과 같이 폭로해 주셨다.

"너희는 너의 아비 마귀에게서 났으니 너희 아비의 욕심을 너희도 행하고자 하느니라. 저는 처음부터 살인한 자요 진리가 그 속에 없음으로 진리에 서지 못하고 거짓을 말할 때마다 제 것으로 말하나니 이는 저가 거짓말쟁이요, 거짓의 아비가 되었음이니라."(요8:44절)

그러므로 부족한 종이 바라기는 본 책자를 통해서 사탄의 간교하고 간악한 삼대 속임수에 대한 말씀을 크게 세 단원으로 나누어서 차례대로 깊이 파헤쳐 나가는 가운데 우리 모두 새로운 성령의 깨달음과 복음진리의 영적 눈이 활짝 열려질 수 있기를 주님의 이름으로 축원하는 바이다.

기독교의 본질에 대한 속임수

본문말씀

"너희는 너희 아비 마귀에게서 났으니 너희 아비의 욕심을 너희도 행하고자 하느니라 저는 처음부터 살인한 자요 진리가 그 속에 없으므로 진리에 서지 못하고 거짓을 말할 때마다 제 것으로 말하나니 이는 저가 거짓말장이요 거짓의 아비가 되었음이니라" (요 8:44절)

서론

사탄의 삼대 속임수 중 첫 번째 속임수는 기독교의 본질에 대한 속임수이다. 기독교는 예수 그리스

첫 번째 속임수

도의 생명의 복음임에도 불구하고 저 간교한 사탄은
그 생명의 복음인 기독교를 종교라는 범주 속에 타종
교와 같은 차원의 종교 중 하나로 한몫 싸잡아 넣어버
리고 말았다. 그렇게 하므로 사탄은 오늘날 수많은
사람들이 참 복음이신 예수 그리스도 안에서만 얻을
수 있는 속죄구원을 올바로 찾지 못하도록 교란작전
을 쓰고 있다.

기독교를 종교라는 범주
속에 타종교와 같은
차원의 종교 중 하나

아울러 사탄은 참 복음이신 예수 그리스도를 믿어
구원 받지 못하게 할 목적으로 참 복음의 모조품과
박제품인 온갖 종교를 만들어 놓고 우리 인간들로 하
여금 그 모든 종교를 신봉하며 그 안에서 안주하고 살
아가도록 계속 인류를 속여 내려오고 있다.

그 뿐만 아니라 지난 기독교 2천년 역사상 예수 그
리스도의 생명의 복음을 하나의 종교로 전락시키고
변질시키려고 하는 사탄의 간교한 역사와 궤계는 타
락한 종교 지도자들을 통해서 계속적으로 시도되어
오고 있다.

생명의 복음을 하나의
종교로 전락시키고
변질시키려고 하는
사탄의 간교한 역사

그러므로 지난 몇 년간 부족한 종의 심령 속에 임재

해 계신 성령 하나님께서 기도할 때마다 뜨거운 감동으로 열화와 같이 나에게 계속 분부해 주신 말씀이 있다. 그것은 곧 다음과 같은 내용의 말씀이다.

"사랑하는 종아! 기독교는 결코 하나의 종교가 아니다. 예수 그리스도의 생명의 복음이다. 그리고 그 복음은 예수 그리스도 자신이 참 복음이시다. 따라서 죄와 사망에 빠진 인간들은 절대로 종교 믿어 구원 얻는 것이 아니라 예수 그리스도를 믿어야만 참 구원을 얻을 수 있다. 그럼에도 불구하고 저 간교한 사탄이 참 복음의 모조품인 각종 종교를 만들어 놓았을 뿐만 아니라 예수 그리스도의 참 복음을 종교라는 보따리 속에 한몫 싸잡아 넣어서 매도해 버렸다. 그래서 기독교를 하나의 종교인양 모든 인간들을 계속 속이고 세뇌시켜 오고 있다. 그 결과 지금도 수많은 영혼들을 예수 그리스도의 생명의 복음 안으로 들어오지 못하게 하기 위해서 필사적으로 방해하고 다만 종교라는 미로에서 유리방황하도록 미혹하고 있다. 이것이 범죄 타락한 인간에 대한 간교한 사탄의 가장 큰 속임수요 거짓된 전략 중에 하나임을 알아야 한다. 그러므로 너는 무엇보다 가장 먼저 저 간교한

기독교를 하나의 종교인양 모든 인간들을 계속 속이고 세뇌시켜 오고 있다.

예수 그리스도의 복음과 종교를 같은 범주로 위장해 버린 사탄의 비밀 흉계

사탄이 타락하고 변질된 종교 지도자들을 통해서 예수 그리스도의 복음과 종교를 같은 범주로 위장해 버린 사탄의 비밀 흉계를 낱낱이 말씀으로 파헤쳐 폭로하고 아울러 예수 그리스도의 생명의 복음을 종교라는 보따리 속에서 유리쪽처럼 쪼개고 갈라 내어서 시급히 전 세계 모든 하나님의 백성들에게 똑바로 전파하고 가르쳐야만 한다."

이것이 바로 종말시대 부름 받은 복음 전도자들과 성도들을 향하신 성령 하나님의 강력한 메시지요, 긴급한 분부의 말씀으로 의심없이 믿고 받아드려야 하겠다.

기독교는 하나의 종교가 아니라 예수 그리스도의 생명의 복음

그렇다면 문제는 어떤 성서적인 이유와 근거에서 기독교는 하나의 종교가 아니라 예수 그리스도의 생명의 복음이라는 사실을 확실하게 증거하고 선포할 수 있는가? 이 문제에 대한 분명한 해답을 얻기 위해서는 복음과 종교에 대한 본질적인 문제에 대해서 각각 차례대로 깊이 파헤쳐 보아야 하겠다.

Ⅰ. 복음과 종교의 정의

우리는 복음은 무엇인가? 또한 종교는 무엇인가? 에 대한 정의부터 먼저 살펴보아야 하겠다.

1. 복음의 정의 〈복음이란 무엇인가?〉

"복음"이란 헬라어〈원어〉로 유앙게리온(eujaggev-lion)이라고 하는데 그 뜻은 "복된 소식, 기쁜 소식, 좋은 소식"〈Good news, Best news〉을 의미해 주는 말이다. 따라서 우리가 일반 상식적인 차원에서 볼 때 물에 빠져 죽어가는 사람에게는 그가 빠진 물속에서 건져내어 준다는 소식이 복음이다. 또한 당장 배고파서 굶어 죽어가고 있는 사람에게는 밥(빵)을 준다는 소식이 복음이다. 아울러 오랫동안 병들어 죽어가고 있는 중환자에게는 그 병을 고쳐준다는 소식이 가장 기쁘고 복된 좋은 복음이 될 수밖에 없다.

이와 같은 맥락에서 볼 때 인류 시조 아담의 범죄 타락 이후 원죄와 유전 죄로 인해서 날 때부터 어쩔 수 없는 본질적 죄인으로 태어나서 일생동안 죄와 그

인류 시조 아담의 범죄 타락 이후 원죄와 유전 죄로 인해서 날 때부터 어쩔 수 없는 본질적 죄인

죄 값인 사망의 노예로 살아가고 있는 우리 인생들에게 있어서는 하나님께서 그 죄와 사망 가운데서 속죄 구원해 주시기 위해서 이 세상에 구세주(메시야)로 보내어주신 예수 그리스도 자신이 곧 최대의 복음이 아닐 수가 없다.

복음의 핵심 내용은
곧 예수 그리스도의
죽음과 부활

그러기에 하나님의 종 사도 바울은 복음의 핵심 내용은 곧 예수 그리스도의 죽음과 부활이라는 사실을 명확하게 증거해 주고 있다〈고전 15:1-4절〉.

과연 인류 범죄 타락의 역사 이래 인간 스스로의 힘으로는 전혀 해결 불가능한 문제는 바로 죄와 그 죄 값인 사망의 문제이다.

롬 5:12절 "이러므로 한 사람으로 말미암아 죄가 세상에 들어오고 죄로 말미암아 사망이 왔나니 이와 같이 모든 사람이 죄를 지었으므로 사망이 모든 사람에게 이르렀느니라."

그래서 인간들은 줄곧 온갖 종교적인 방편으로 죄와 사망의 문제를 해결해보려고 무수한 노력과 몸부

림을 계속해 왔으나 어떤 종교적인 시도나 노력으로
도 끝내 이 죄와 사망의 문제를 해결할 수가 없었다.

그런데 놀라운 사실은 사랑의 하나님께서는 당신의
독생자 예수 그리스도를 이 땅에 구세주로 보내주셔
서 그 예수 그리스도의 죽으심과 흘리신 보혈의 피로
인간의 모든 죄 문제를 해결해 주셨으며, 아울러 사망
권세를 정복하시고 3일 만에 다시 살아 부활하셔서
그 부활의 생명으로 인간의 사망문제를 근본적으로
해결하여 주셨다.

예수 그리스도의 죽으심과
흘리신 보혈의 피

요 11:25~26절 "예수께서 가라사대 나는 부활이요 생명이
니 나를 믿는 자는 죽어도 살겠고 무릇 살아서 나를 믿는
자는 영원히 죽지 아니하리니 이것을 네가 믿느냐."

그러므로 죄와 사망에 빠져 있는 우리 인간들에게
는 예수 그리스도 자신이 곧 최대의 기쁜 소식, 좋은
소식, 복된 소식 곧 복음 중에 복음〈Good news, Best
news〉이라는 사실을 의심 없이 믿어야 하겠다〈눅
2:10~11, 롬 1:2~4절 참조〉.

예수 그리스도 자신이
곧 최대의 기쁜 소식,
좋은 소식, 복된 소식
곧 복음 중에 복음

2. 종교의 정의 〈종교란 무엇인가?〉

종교에 대해서 백과사전에서는 삶의 평안을 추구하는 정신문화의 한 갈래라고 풀이해주고 있고, 국어사전에서는 종교를 문화현상의 하나로 보고 있다.

그러나 성경이 말해주는 "종교"란 범죄 타락한 인간이 자기 스스로의 인위적인 노력과 수단방법으로 죄와 사망의 문제를 해결해 보려는 착각과 어리석은 시도에서 시작된 행위라고 할 수 있다.

인간 역사 최초의 종교

즉 인류 시조 아담하와가 에덴 동산에서 금단의 열매 선악과를 따먹고 범죄타락한 후 즉시 자기들의 죄악의 벌거벗은 수치를 긴급히 가리기 위한 임기응변책으로 무화과 나무 잎으로 치마를 만들어 일시적으로 부끄러운 하체를 가린 행위에서부터 인간 역사 최초의 종교 〈자력주의 종교. 인위적인 종교〉가 시작된 것을 볼 수 있다〈창 3:6-7절〉.

참 생명의 복음이신
예수 그리스도

따라서 사탄이 죄와 사망에 빠진 인간들로 하여금 참 생명의 복음이신 예수 그리스도를 믿어 구원 받지 못하게 하기 위해서 우매한 인간을 통해 참 복음 대신 참 복음을 모방해서 가짜 모조품 즉 짝퉁 복음으로 만들어 놓은 것이 곧 종교인 것이다.

결국 종교는 <u>범죄 타락한 인간과 간교한 사탄이 합작해서 만들어낸 참 복음의 모조품이요 박제품</u>이다. 이것이 곧 성경이 말해주는 종교의 근본 정의라고 할 수 있다〈행 25:19절, 행 26:5절 참조〉.

성경이 말해주는 종교의 근본 정의

여기에서 어떤 죄수의 생생한 간증 하나를 소개하고자 한다. 영국의 어떤 죄수는 영국과 오스트레일리아에서 40년간이나 교도소 생활을 하고 가죽 채찍으로 50대씩 여덟 차례나 모진 매를 맞았다. 그러나 그는 전혀 변화되지 않았다. 마지막에는 경찰과 교도소에서도 포기할 정도였다. 그러다가 그는 40년 만에 출옥하여 교회에 속한 어느 숙박시설에서 하룻밤을 지내게 되었다. 그날 밤 그곳에서 그는 어떤 성도의 복음전도로 예수님을 영접하게 되었고 드디어 거듭나 새사람이 되었다. 그 후 그는 그 교회에서 18년간이나 헌신봉사하며 성실하게 살았다. 그는 일생동안 이렇게 간증하며 살아갔다고 한다.

"나는 40년간의 교도생활과 400번이 넘도록 모진 가죽 채찍을 맞으면서도 전혀 변화되지 못했지만, 예수 그리스도의 생명의 복음을 듣고 그 예수님을 믿음으로 영접하는 순간 단 몇 분 만에 놀랍게도 내 삶은 온전히 변화되어 새사람이 되었다"〈롬 1:16절, 딤전 1:15-16절 참조〉.

II. 복음과 종교의 시작과 근원

1. 복음의 시작과 근원

"복음"은 거룩하시고 자비로우신 하나님 아버지의 아가페적인 사랑의 심장에서부터 시작되어 구약시대 수많은 선지자들과 신약시대 하나님의 독생자 예수 그리스도를 통해서 이 세상에 선포된 구원의 복된 소식이 곧 복음이라고 할 수 있다.

결국 복음은 죄와 사망에 빠진 인간들로 하여금 하나님의 독생자 예수 그리스도를 믿고 구원받게 하시려는 하나님의 아가페적인 사랑에서부터 근원이 된 것임을 알 수 있다〈요한일서 4:9~10절 참조〉.

하나님의 독생자 예수 그리스도를 통해서 이 세상에 선포된 구원의 복된 소식이 곧 복음

2. 종교의 시작과 근원

"종교"는 사악한 사탄의 간계로부터 시작되어 범죄 타락한 우매한 인간들과 사탄에 속한 악한 영들과 거짓 종들을 통해서 이 세상에 전수되어 온 것이 곧 종교라고 할 수 있다.

결국 "종교"는 이와 같이 사망에 빠진 인간들로 하여금 예수 그리스도의 생명의 복음을 믿지 못하게 하고, 구원받지 못하게 하려는 사탄의 간계에서부터 근원이 된 것임을 알 수 있다.

구원받지 못하게 하려는 사탄의 간계

고후 11:3절 "뱀이 그 간계로 이와를 미혹케 한 것같이 너희 마음이 그리스도를 향하는 진실함과 깨끗함에서 떠나 부패할까 두려워하노라."

그러므로 복음과 종교의 시작과 근원을 비교분석해 보면 결국 복음이 변질되거나 타락해서 종교가 된 것도 아니고, 그렇다고 종교가 발전하고 개량이 되어서 복음이 된 것도 절대로 아니라, 아예 처음 시작부터 복음은 복음이었고, 종교는 종교로서 그 근원을 달리

하고 있다는 사실을 발견할 수가 있다.

창세기 3장에 나타나 있는 인류시조 범죄타락의 역사를 소급해 올라가보면 인류역사 최초의 종교는 무화과 나무로 만든 치마에서부터 시작이 되었고, 인류 최초의 복음은 양가죽〈피의 옷〉에서부터 시작이 되었다고 볼 수 있다〈창 3:7, 3:21절 참조〉.

따라서 복음은 근본적으로 애당초 사랑의 본체이신 하나님으로부터 시작이 되었고, 종교는 애당초 간교한 사탄마귀로부터 시작이 되었다는 사실을 분명히 바로 알고 명심해야 하겠다. 아울러 이 대목에서 한 가지 분명히 알고 넘어가야할 중요한 사실은 복음의 영이 성령 하나님이시라면 종교의 영은 곧 사탄의 영이라는 사실이다.

복음의 영이 성령 하나님
이시라면 종교의 영은
곧 사탄의 영

따라서 어느 나라든지 예수 그리스도의 복음이 들어가면 놀라운 구원의 역사와 새로운 변화가 일어나지만 사탄의 종교가 들어가면 그때부터 무서운 파멸과 종교전쟁이 일어나는 것을 볼 수 있다.

그러기에 지금 전 세계 전쟁은 하나같이 사탄이 연

출하는 종교전쟁이라는 사실을 분명히 알아야 하겠다.

Ⅲ. 복음과 종교의 속죄구원 근거의 차이점

1. 복음의 속죄구원의 근거

복음은 범죄 타락한 인간의 속죄구원의 근거를 갈보리 언덕 십자가에서 흘리신 하나님의 독생자 예수 그리스도의 보혈에 두고 있다.

하나님의 독생자 예수 그리스도의 보혈

히 9:11~12절 "그리스도께서 장래 좋은 일의 대제사장으로 오사 손으로 짓지 아니한 곧 이 창조에 속하지 아니한 더 크고 온전한 장막으로 말미암아 염소와 송아지의 피로 아니하고 오직 자기 피로 영원한 속죄를 이루사 단번에 성소에 들어 가셨느니라."

2. 종교의 속죄구원의 근거

종교는 금욕주의, 선행주의, 고행주의 등을 통해서

정신적인 수양과 도를 닦음으로서 인간의 속죄구원의 근거를 인간 자신의 선한 행위나 공적에 두고 있다〈막 10:17절, 눅 18:11~12절 참조〉.

성경 66권속에 맥맥이 흐르고 있는 속죄구원의 대 원리

※ 우리가 이 대목에서 꼭 알아야 할 중요한 영적진리는 성경 66권속에 맥맥이 흐르고 있는 속죄구원의 대 원리가 있다는 사실이다. 그것은 곧 "누군가가 피를 흘리고 죽어야 누군가가 죄 사함 받고 구원받을 수 있다는 대속죄원리이다"〈레 17:11, 히 9:22절 참조〉.

과연 하나님의 어린양 예수님의 속죄구원의 보혈의 강은 창세기에서부터 요한계시록까지 모든 말씀의 중심 깊숙이 맥맥이 흐르고 있다. 그러므로 성경의 시작인 창세기에 보면 범죄 타락한 인류의 시조 아담하와가 양의 피로 물든 양가죽 옷을 입고 에덴동산에서 쫓겨나는 장면에서부터 인간의 비극적인 타락의 역사가 시작되고 있다〈창 3:21-23절 참조〉.

그런가하면 성경의 마지막인 요한계시록을 보면 구속 받은 성도들이 하나님의 어린양의 피 옷을 입고 하

나님의 영광스러운 시온산 보좌 앞에 서서 찬송과 영광을 돌리는 것으로서 파란만장하던 인간구속의 역사가 극적으로 회복되고, 잃었던 실낙원이 다시 복낙원으로 만회가 되는 감격스러운 장면을 볼 수가 있다 〈계 7:13-14절〉.

그러므로 궁극적으로 복음과 종교를 정확하게 유리 쪽처럼 쪼개고 분별할 수 있는 대 원칙은 오직 한 가지 뿐이라는 결론에 도달하게 된다. 즉 하나님의 어린양 예수님의 피(생명)가 있느냐? 없느냐? 하는 것이다.

하나님의 어린양 예수님의 피(생명)가 있느냐? 없느냐?

따라서 예수 그리스도의 십자가의 피(생명) 공로 위에 세워진 순수한 생명의 복음은 전혀 없고, 다만 종교적인 교리, 의식, 형식, 전통, 제도, 조직, 건물만 자랑하는 모든 종교는 한낱 간교한 사탄이 범죄 타락한 인간과 합동작전으로 조작해서 만든 참 생명이 없는 가짜 복음의 모조품과 박제품에 불과한 것이다.

간교한 사탄이 범죄 타락한 인간과 합동작전으로 조작해서 만든 참 생명이 없는 가짜 복음의 모조품과 박제품

그러므로 오늘날 우리 성도들의 속죄구원과 신앙생활은 오직 하나님의 어린양 예수 그리스도의 속죄

구원의 피와 부활의 생명을 믿느냐? 안 믿느냐에 따라 그 승패가 전적으로 좌우된다는 사실을 올바로 깨달아야 하겠다〈롬 10:9-10절 참조〉.

그러므로 이제 한 가지 분명한 사실은 우리 모두는 예수님의 대속의 은혜로 구원받은 자들이다〈마 20:28 절 참조〉.

하나님의 어린양 예수 그리스도의 대속의 피 공로

그렇다면 이제 마지막으로 생각해야할 문제는 하나님의 어린양 예수 그리스도의 대속의 피 공로를 믿음으로 구원받은 우리 성도들의 남은 생애는 어떤 믿음의 자세로 살아가야 하겠는가?

하나님의 종 사도 바울은 갈라디아서를 통해서 자신의 신앙을 다음과 같이 고백해 주고 있다.

갈 2:20 "내가 그리스도와 함께 십자가에 못 박혔나니 그런즉 이제는 내가 산 것이 아니요 오직 내 안에 그리스도께서 사신 것이라 이제 내가 육체 가운데 사는 것은 나를 사랑하사 나를 위하여 자기 몸을 버리신 하나님의 아들을 믿는 믿음 안에서 사는 것이라!"

이와 같은 맥락에서 오래전부터 한국교계에 널리 알려져 내려온 다음과 같은 어느 두 형제 사형수 이야기는 예수님의 이러한 대속적인 죽음의 의미를 가장 감동적으로 잘 나타내주고 있는 실화중 하나이다.

예수님의 이러한 대속적인 죽음의 의미

어느 한 도시에 두 형제가 살고 있었다. 양부모는 일찍 돌아가시고 두 형제만 남겨졌다. 열 살 된 형이 있었고 몇 살 아래인 동생이 있었다. 어쩔 수 없이 형은 동생과 몇 살 차이 밖에 안 됐지만 소년 가장이 되어 자기 동생에게 엄마 아빠 노릇을 해야만 했다.

그러다가 이웃 사람에게 전도를 받고 가까운 교회를 나가 복음을 듣고 돌아가신 엄마 아빠를 합친 것보다 더 좋은 예수님의 사랑을 깨닫게 되었고 그 예수님을 구주로 영접하고 구원받은 하나님의 자녀가 되었다. 그 후부터 그 형은 자기 동생의 손을 잡고 함께 교회에 나가 예배드리는 것이 가장 큰 기쁨과 즐거움이었다.

그러나 이상하게도 시간이 흘러 갈수록 형은 점점 믿음이 깊어져 가는데 동생은 형과는 달리 머리가 커

지고 사춘기에 접어들면서 반항하기 시작했다. "하나님이 우리를 사랑하신다면 왜 우리를 고아로 만들었냐?" "왜 우리를 거지처럼 만들어서 고생시키는 거야?" 그러면서도 어릴 때는 억지로라도 형 손에 이끌려 교회를 따라 갔지만 그 동생은 이런저런 이유를 대면서 교회를 빠지기 시작하더니 점점 하나님으로부터 멀어지면서 죄와 가까워지게 되고 끝내는 본격적으로 범죄하고 타락하기 시작했다.

점점 하나님으로부터 멀어지면서 죄와 가까워지게 되고 끝내는 본격적으로 범죄하고 타락하기 시작

말할 수 없는 타락의 극을 달리는 동생의 영혼을 위해 매일 밤 눈물로 밤을 지새우며 간절히 기도하던 어느 날 형은 그날따라 왠지 마음이 불안했는데 아니나 다를까 깊은 한밤 중 자정을 넘긴 시간에 기도를 하고 있던 형 앞에 어지러운 발자국 소리와 함께 와장창 문을 박차며 동생이 뛰어들어 왔다.

그 순간 피 비린내가 온 방안을 진동하면서 동생이 엉망진창이 된 복장과 온 몸이 피투성이가 된 모습으로 와들와들 떨면서 말했다. "형 나 어떻게 해? 나 사람을 죽였다구! 나 사람을 죽였어!" 너무 청천벽력 같은 엄청난 일이 벌어진지라 어떻게 생각해 볼 겨를도

없이 그 순간 형은 본능적으로 동생을 와락 끌어안고 피 묻은 옷을 벗기고 대강 핏자국을 닦고는 방 뒤편 조그만 벽장 속으로 동생을 밀어 넣고 아무도 안 보이게 숨겨 버렸다.

형은 어지럽게 바닥에 널려진 동생의 피 묻은 옷을 보고 너무 기가 막혀서 어찌할 바를 모르다가 갑자기 자신의 옷을 벗기 시작했다. 그리고는 피 묻은 동생의 옷을 재빨리 자기 옷과 바꾸어 입었다. 그 일이 채 끝나기도 전에 거친 발자국 소리가 들리고 덩치 큰 형사들이 문을 박차고 들어와서 그 형에게 마구 발길질을 하면서 "이 새끼 여기 숨어 있으면 못 찾을 줄 알아? 네가 사람을 죽였지?" "물어볼 거 뭐 있어 이 옷이 증거 아니야?" 그러면서 거칠게 팔을 꺾어서 끌고 나갔다.

그 길로 경찰서에 끌려간 형은 심문하는 담당 형사들 앞에서 부정도 긍정도 아닌 이런 말만 계속 반복했다. "예! 저는 이 죄 때문에 형벌 받아야 마땅합니다." 결국 형의 이런 고백이 범죄 시인으로 인정되고 또한 사건 자체가 워낙 잔인했던 살인사건 인지라 여론의

저는 이 죄 때문에 형벌 받아야 마땅합니다.

동정도 못 받은 채 재판이 급속히 진행된 결과 급기야
는 사형 언도 공판을 받고 사형수 교도소에 수감되고
말았다.

　하루아침에 동생을 대신 살려내기 위해 스스로 사
형수가 된 이 형이 어느 날 간수에게 소장님을 한번
만 꼭 만나게 해 달라고 부탁을 했다.

　그래서 사형수의 간곡한 부탁인지라 즉시 교도소
소장의 면회를 허락받았다. 소장을 만난 그 형은 "저
는 하나님을 경외하는 사람입니다. 마지막 가는 사형
수의 부탁 한 가지만 꼭 들어 주십시오. 제게 편지 한
통만 쓰게 해 주시고, 그 편지를 꼭 봉함하고 아무도
뜯어보지 못하도록 잘 보관했다가 제가 사형집행이
된 후에 이 편지 겉봉 주소로 속히 보내주시기만 하면
됩니다."

　소장은 그리 어렵지 않은 사형수의 마지막 부탁이
라 쉽게 허락을 했다. 드디어 사형집행일이 내일로 다
가왔다. 형은 이 땅에서 마지막 보내는 그날 밤을 주
님 만날 설레임도 있었지만 일찍 엄마 아빠를 잃고 자

저는 하나님을 경외하는
사람입니다.

기 가슴에 안겨 자라났던 동생, 자기 생명을 줘도 아깝지 않은 동생, 그보다도 아직도 주님을 모른 채 죄책감에 싸여 두려움에 떨고 있을 동생을 생각하니 눈물로 그 밤을 지새웠다.

날이 밝고 냉엄한 법 집행 앞에 그 형은 동생 대신 살인죄를 뒤집어 쓴 채 사형장으로 끌려가 교수형에 처해지고 말았다. 그리고 나서 교도소장은 이삼일이 지난 후 사형수의 마지막 부탁이 문득 생각이 나서 부하 직원을 통해 형의 편지를 겉봉투 주소대로 직접 배달했다.

한편 자기를 누가 잡으러 오지나 않을까 두려워 계속 집안에만 숨어 살았던 그 동생은 갑자기 배달된 편지를 받아보니 자기 형의 편지였다. 첫 줄에 너무도 익숙한 형의 필체가 한 눈에 들어왔다. "사랑하는 동생아! 나는 너의 죄의 옷을 입고 너 대신 죽는다." 처음에는 무슨 말인지 이해가 안 돼서 몇 번 읽고 또 읽다가 드디어 그 의미가 확 깨달아지는 순간 그 동생은 "형! 그건 안돼!"라고 고함을 버럭버럭 지르면서 그 편지 발송 주소대로 교도소를 찾아가서 뒤늦게 자기가

나는 너의 죄의 옷을 입고 너 대신 죽는다.

바로 살인죄의 진범이고 형은 자기 대신 억울하게 죽었다는 사실을 눈물로 호소했으나 결국 사건이 이미 종결 처리 되었다는 이유로 즉시 교도소에서 쫓겨 나오고 말았다.

그는 그 길로 자기 대신 죽어간 사랑하는 형이 미치도록 보고 싶어 그 형이 나가던 교회당에 찾아가서 비로서 하나님 앞에 무릎 꿇고 울부짖기 시작했다. "하나님! 나 같은 놈 지옥가야 마땅하지만 우리 형 한번만 만나게 해 주세요. 우리 형이 간 천국을 어떻게 갈 수 있는지 제발 좀 나에게도 가르쳐 주세요!"

우리 형이 간 천국을 어떻게 갈 수 있는지 제발 좀 나에게도 가르쳐 주세요!

그 순간 동생은 어렸을 때 형과 함께 교회 나가 들었던 십자가 이야기가 기억났다. 동생은 항상 형이 이야기하던 십자가를 통한 예수님의 대속의 죽음을 이해하는데 별로 어려움이 없었다. 형의 자기 죄를 대신한 죽음을 통해 예수님의 대속의 죽음의 의미를 이미 직접 보고 깨달았기 때문에 이제 십자가는 그에게 실제가 되고 그는 그날 밤이 새기 전에 예수님을 진심으로 구주로 믿고 영접하고 거듭나서 새 사람이 될 수 있었다.

예수님을 진심으로 구주로 믿고 영접하고 거듭나서 새 사람 그 다음날부터 형의 자기 죄 값으로 죽은 그 죽음은 실제가 되고 아울러 형의 죽음이 바로 자기 죽음의 실제로 받아들여지게 되었다. 그래서 그는 자기가 죽은 장례식을 하느라고 자기 옷가지를 다 꺼내 마당에 내어놓고는 형의 죽음과 같이 함께 죽어서 지옥가야 마땅할 불쌍한 놈인 자신을 저주하면서 모든 것을 다 불태워 버렸다.

그러고 나니까 형의 남은 것은 별로 없었다. 오직 동생만을 위해 살던 형에게는 낡은 옷 한 벌 밖에 없었다. 그래서 형이 남긴 유품 한 가지라도 더 찾아보려고 하던 중에 어제 자기가 읽다가 충격을 받고 채 다 읽지도 못한 채 떨어뜨린 형의 편지를 다시 찾아 자기 손에 들고 펴 보았다. 그 편지 둘째 줄에는 이렇게 쓰여 있었다. "사랑하는 동생아! 나는 너의 죄의 옷을 입고 너 대신 죽는다 … 이제 너는 나의 옷을 입고 나처럼 살아라!"

그 동생은 형의 마지막 피어린 유서를 읽는 순간 형의 죽음이 곧 자기의 죽음이 되고, 동시에 자기의 남은 삶은 형의 삶을 <u>대신</u>해서 살아드려야 할 삶만이

형의 죽음이 곧 자기의 죽음이 되고, 동시에 자기의 남은 삶은 형의 삶을 대신해서 살아드려야 할 삶

남아있다는 사실을 확인할 수 있었다. 그 순간 이후부터 그 동생은 자기 형의 남겨진 남루한 옷을 자기가 입고 주위 모든 사람들과 자기 형이 출석하던 교회 성도들에게 일일이 찾아가서 자기 형에 관한 모든 것을 묻기 시작했다.

형은 그 동안 하나님 앞에 어떻게 예배를 드렸으며 어느 자리에 앉아 예배드리고 기도하고 찬송을 불렀는가? 그리고 나서는 형의 옷을 입고 형이 나가던 교회에 나가 형이 앉아 있었던 자리에 형이 앉은 것처럼 앉아서 형이 하던 것처럼 예배드리고, 기도하고, 찬송하고, 형이 하던 것처럼 정직하고 부지런하고 성실하게 매일매일을 살아갔다. 그 결과 그 동네 모든 사람들이 저 동생을 보면 꼭 자기 형을 그대로 보는 것 같다고 수군거리게 되었다.

그 후 세월이 지나 아픔을 잊어갈 무렵, 그 동생의 옛 친구 불량패들이 찾아와서 술 냄새를 풍기면서 옷자락을 당기며 말했다. "어! 이 친구 정말 명이 길구만! 살았으면 한잔하자구. 운 좋은 자네를 위해 축하의 잔을 들자구!" 때때로 옛 불량패 친구들이 찾아와

형은 그 동안 하나님 앞에 어떻게 예배를 드렸으며 어느 자리에 앉아 예배드리고 기도하고 찬송을 불렀는가?

끈질기게 유혹하고 끌고 가려고 할 때마다 이미 새사람 된 동생은 한결같이 이렇게 대답했다.

"이 옷의 주인은 그런데 가지 않았어! 이 옷의 주인은 그렇게 살지 않았어! 이 옷의 주인은 그런 말 하지 않았어!"

주 안에서 이미 완전히 새 사람이 된 이 동생은 어떤 유혹과 모진 핍박과 가난 속에서도 항상 자기 형이 마지막으로 남긴 피눈물 어린 마지막 유서의 내용을 구구절절이 기억하면서 그대로 실천해 나갔다.

"사랑하는 동생아! 나는 너의 죄의 옷을 입고 너 대신 죽는다. 너는 이제 나의 옷을 입고 나처럼 살아다오!"

사랑하는 성도 여러분! 하나님께서는 일찍이 선지자 이사야를 통해서 우리 예수님의 십자가의 대속의 죽음의 의미를 다음과 같이 선포해 주고 있다.

예수님의 십자가의 대속의 죽음의 의미

사 53:4-6절 참조 "그는 실로 우리의 질고를 지고 우리의 슬픔을 당하였거늘 우리는 생각하기를 그는 징벌을 받아서 하나님에게 맞으며 고난을 당한다 하였노라 그가 찔림은 우리의 허물을 인함이요 그가 상함은 우리의 죄악을 인함이라 그가 징계를 받음으로 우리가 평화를 누리고 그가 채찍에 맞음으로 우리가 나음을 입었도다 우리는 다 양 같아서 그릇 행하며 각기 제 길로 갔거늘 여호와께서는 우리 무리의 죄악을 그에게 담당시키셨도다"

우리는 이 말씀 속에서 예수님께서 갈보리 언덕 십자가 위에서 마지막 운명하시기 직전에 우리에게 남기신 또 하나의 유언의 음성을 믿음의 귀로 들을 수 있었으면 좋겠다.

"사랑하는 죄인들아!
나는 너의 죄 짐을 대신지고 십자가에 못 박혀 너 대신 죽는다.
너는 이제 나의 속죄구원의 옷을 입고 남은 생애만은 나처럼 살아다오!"

너는 이제 나의
속죄구원의 옷을 입고
남은 생애만은 나처럼
살아다오!

〈찬송가 138장〉

① 만왕의 왕 내 주께서 왜 고초 당했나. 이 벌레같은
　나를 위해 그 보혈흘렸네 십자가 십자가 처음 볼
　때에 나의 맘에 큰 고통 사라져 오늘 믿고서 내눈
　밝았네 참 기쁨 영원하도다

② 주십자가 못박힘은 속죄함아닌가 그 긍휼함과 큰
　은혜말할수 없도다　십자가 십자가 처음 볼 때에
　나의 맘에 큰 고통 사라져 오늘 믿고서 내눈 밝았
　네 참 기쁨 영원하도다

③ 늘 울어도 그 큰 은혜 다 갚을수 없네 나 주님께 몸
　바쳐 주의 일 힘쓰리 십자가 십자가 처음 볼 때에
　나의 맘에 큰 고통 사라져 오늘 믿고서 내눈 밝았
　네 참 기쁨 영원하도다

결론

　사랑하는 성도여러분! 그리고 독자 여러분!

　우리는 거짓말쟁이의 원조인 사탄의 삼대 속임수
가운데 첫 번째 속임수인 기독교의 본질에 관한 잘못
된 속임수에 더 이상 속고 살지 말자.

사탄의 삼대 속임수
가운데 첫 번째 속임수인
기독교의 본질에 관한
잘못된 속임수

기독교는 예수 그리스도의 생명의 복음임에
도 불구하고 저 간교한 사탄은 기독교를 종교
라는 범주 속에 한 뭇 싸잡아 매도해 버렸다.
그 결과 오늘날 수많은 영혼들이 참 복음이신 예수 그
리스도 안에서만 얻을 수 있는 속죄구원을 받지 못하
도록 끝까지 교란시키고, 모든 종교에만 속아서 살아
가도록 미혹해 오고 있다는 사실을 특별히 명심하고
어서 속히 그 사탄의 속임수의 멸망의 자리에서 벗어
나야만 하겠다.

우리 모두 다시 한 번 기억하고 명심하자!

기독교는 결코 하나의 종교가 아니라 예수 그리스
도의 생명의 복음이다. 그리고 그 복음은 예수 그리
스도 자신이 복음 중에 복음이다. 그러므로 우리 인
간은 누구든지 절대로 종교를 믿어 구원 얻는 것이 아
니다. 오직 복음이신 예수 그리스도를 각자 마음속에
나의 구주, 나의 왕으로 믿고 영접해 드릴 때만이 속
죄구원을 받을 수 있다〈요 1:12-13절 참조〉.

아울러 예수 그리스도를 구주로 믿고 거듭난 자만
이 이 땅 위에서 하나님의 자녀로 복 받고 살다가 장

복음은 예수 그리스도 자신이 복음 중에 복음

차 저 천국에 들어가서 성삼위 하나님과 함께 영원히 영생복락을 누리며 살아가게 될 것을 의심 없이 믿고 확신하시기를 주님의 이름으로 축원하는 바이다〈요 3:16절, 행 16:31절 참조〉. 아멘! 할렐루야!

인간의 영과 혼과 몸에 관한 속임수

본문말씀

"평강의 하나님이 친히 너희로 온전히 거룩하게 하시고 또 너희 온 영과 혼과 몸이 우리 주 예수 그리스도 강림하실 때에 흠 없게 보전되기를 원하노라"(살전 5:23)

서론

하나님의 말씀인 성경은 우리 인간의 기본 구성요소인 영과 혼과 몸의 전인적인 구원에 대해서 말씀해 주고 있다. 그런데 바로 인간의 영, 혼, 몸에 대한 대

우리 인간의 기본 구성요소인 영과 혼과 몸의 전인적인 구원

표적인 말씀이 곧 데살로니가전서 5:23절이다.

우리는 이 한절 말씀을 통해서 우리 인간의 영·혼·몸의 전인구원에 대한 가장 기본적인 중요한 복음진리를 배울 수가 있다.

먼저 평강의 하나님께서 우리를 만세전부터 예정하시고 선택하시고 부르시고 구속하시고 구원해 주신 궁극적인 목적은 거룩하신 하나님의 성품과 형상을 닮은 하늘 백성 만들어 주시는데 있다는 것이다. 아울러 영·혼·몸의 전인구원을 통해서 거룩한 하나님의 백성이 되기 위해서는 반드시 세 가지 과정을 거쳐야 된다는 사실을 가르쳐 주고 있다.

즉 ① 우리의 <u>영</u>은 예수 그리스도를 나의 구주로 믿고 영접함으로 중생의 구원을 얻을 수 있다.

② 우리의 <u>혼</u>은 하나님의 말씀과 성령의 능력으로 자아가 깨어져 이미 내 영속에 구주로 들어와 계신 예수 그리스도를 내 혼속에 나의 주 나의 왕으로 모셔드려서 그분과 함께 동행하는 삶을 살아갈 때 성화의 구원을 이루어 나갈 수가 있다.

③ 우리의 <u>몸</u>은 장차 예수 그리스도께서 재림주로

영·혼·몸의 전인구원

이 땅에 다시 오실 때 부활과 휴거를 통해서 비로소 영화의 구원을 얻게 될 것이다.

그렇다면 이제 우리는 무엇보다 먼저 사탄의 삼대 속임수 중 두 번째 속임수인 우리 인간의 영과 혼과 몸에 관한 속임수의 내용은 과연 무엇인가?를 정확히 알아야할 필요가 있다.

창세기에 나타난 말씀을 보면 창조주 하나님께서는 첫 인류의 시조인 인간을 창조하실 때 분명히 성부 성자 성령, 삼위일체 하나님의 형상을 닮은 영과 혼과 몸의 세 가지 구성요소를 갖춘 인격적인 존재로 창조하셨다. 그런데 인류 시조 첫 아담과 하와가 사탄의 꼬임을 받아 금단의 열매 선악과를 따 먹고 범죄 타락한 결과 영과 혼과 몸이 삼중 타락과 멸망 속에 빠지고 말았다.

그러나 사랑의 하나님께서는 마지막 아담이신 독생자 예수 그리스도를 통하여 죄와 사망에 빠진 우리 인간의 영은 중생의 구원으로, 혼은 성화의 구원으로, 몸은 영화의 구원으로, 삼중적인 구원과 회복을 이루

성부 성자 성령, 삼위일체 하나님의 형상을 닮은 영과 혼과 몸의 세 가지 구성요소를 갖춘 인격적인 존재

어나가도록 섭리하시고 역사해 주셨다.

그럼에도 불구하고 저 간교한 사탄은 인간의 영·혼·몸의 세 가지 구성요소를 신학자들과 종교 지도자들을 통해서 2분설이니, 3분설이니 하는 한낱 신학적인 론과 설로 계속 논쟁만 하도록 유도함으로 결국 인간의 혼을 영과 함께 한 보따리 속에 한 몫 싸잡아 넣어 버림으로서 인간의 혼속에서 이루어지는 성화의 구원의 설 자리가 없도록 교묘한 속임수를 써 나가고 있다.

아울러 이미 예수 그리스도를 믿고 구원 받은 하나님의 자녀들로 하여금 주와 동행하는 경건한 삶을 일찌감치 포기하도록 유혹해 나가고 있다. 이것이 바로 저 간교한 사탄의 두 번째 속임수이다.

간교한 사탄의
두 번째 속임수

그러므로 결국 이미 전 단원에서 공부한 사탄의 첫번째 속임수와 이번 단원에서 공부해 나가고 있는 사탄의 두 번째 속임수를 하나의 맥락으로 연결해 보면 저 사탄의 거짓되고 가증한 교란작전과 미혹작전의 속셈을 분명히 파헤쳐 볼 수가 있다.

사탄은 일차 교란작전으로 종교라는 참 복음의 <u>모조품</u>을 만들어서 인간들로 하여금 예수 그리스도의 참 복음을 알지도 믿지도 못하게 하므로 끝내 구원을 받지 못하도록 구원에 대한 원천봉쇄작전을 펴 나오고 있다.

아울러 이미 어쩔 수 없이 예수님을 믿고 구원을 받아버린 신자들에게는 2차 교란작전과 최후 보루 선으로 성화의 구원이 이루어져 나가야할 인간의 혼을 영과 함께 한 몫 싸잡아 매도해 버림으로 오늘날 성도들로 하여금 주와 동행하는 성령 충만한 삶을 절대로 살아가지 못하도록 계속 방해해 오고 있다.

주와 동행하는
성령 충만한 삶

그 뿐만 아니라 그렇게 함으로서 궁극적으로는 곧 다시 재림하실 신랑 되신 예수님을 맞이할 신부로서의 영적 단장을 하지 못하도록 미혹하고 있다〈계 19:7~8절 참조〉.

그렇다면 종말시대 우리 주의 종들과 성도들은 저 간교한 사탄의 영·혼·몸에 대한 속임수를 어떻게 파헤쳐 폭로하고 사탄의 속임수의 미로에서 아직도 방

간교한 사탄의 영·혼·몸
에 대한 속임수

황하고 있는 수많은 영혼들을 가장 올바른 복음진리로 인도할 수 있겠는가? 오늘날 우리 성도들이 사탄의 영과 혼과 몸에 관한 속임수에 절대로 속거나 미혹 받지 않기 위해서는 다음의 세 가지에 대해서 반드시 알아야 하겠다.

즉, ① 인간의 영과 혼과 몸의 <u>삼중 창조</u>
② 인간의 영과 혼과 몸의 <u>삼중 타락</u>
③ 인간의 영과 혼과 몸의 <u>삼중 구원</u>에 대해서 각각 차례대로 깊이 파헤쳐 보아야 하겠다.

Ⅰ. 인간의 영과 혼과 몸의 삼중창조

성경은 우리 인간은 창조주 하나님으로부터 태초에 영과 혼과 몸의 삼요소를 갖춘 성삼위 하나님의 모양과 형상을 닮은 인격적인 존재로 만들어졌다는 사실을 선포해 주고 있다〈창2:7, 사57:16, 히4:12, 살전5:23절 참조〉.

따라서 인류 시조 첫 아담의 범죄 타락 이전의 영과

혼과 몸의 상태는 다음과 같았다.

즉, ① 영은 하나님께서 불어 넣으신 생명〈영원한 생명의 기운〉으로 충만한 상태였다〈창 2:7절 참조〉.
② 혼은 하나님의 풍성한 아가페적인 사랑으로 충만한 상태였다〈창 2:23~25절 참조〉.
③ 몸은 병들지 않고 늙지 않는 강건함으로 충만한 상태였다〈창 2:15절 참조〉.

이것이 바로 인류 시조 아담하와의 범죄 타락이전의 우리 인간의 참 모습이었다.

그러므로 우리가 반드시 알고 넘어가야할 중요한 사실은 우리 인간은 창조주 하나님의 영과 혼과 몸의 삼중창조의 기본원리를 모르면 성경에 나타난 영과 혼과 몸의 전인구원의 복음을 전혀 올바로 알려야 알 수가 없다는 사실이다. 그 결정적인 이유는 다음과 같다.

창조주 하나님의 영과 혼과 몸의 삼중창조의 기본원리

① 중생의 구원은 영에서 이루어지는 구원이다
〈요 3:5~7절 참조〉.
② 성화의 구원은 혼에서 이루어지는 구원이다

〈롬 12:1~2절 참조〉.

③ 영화의 구원은 몸에서 이루어지는 구원이다
〈살전 4:16~17절 참조〉.

그러므로 성경에서 말하는 우리 인간의 구원은 영
만의 구원도 아니요, 혼만의 구원도 아니고, 또한 몸
만의 구원도 아니다. 영과 혼과 몸의 전인적인 구원을
의미해 준다는 사실을 분명히 알아야 하겠다.

이와 같은 맥락에서 볼 때 성경에 나타난 우리 인간
에 대한 가장 위대한 전인구원의 원리는 "영은 영이
고, 혼은 혼이고, 몸은 몸이다"라는 전제에서만
올바른 이해가 가능하다.

이제 한걸음 더 나가서 인간의 구원은 다른 어떤 종
교를 통해서도 얻을 수 없고 오직 범죄 타락하므로 죄
와 사망에 빠진 우리 인간의 유일한 길과 진리와 생명
이 되시는 예수 그리스도를 통해서만 얻을 수 있다
는 사실을 명심해야만 하겠다〈행 4:12절 참조〉.

이와 같은 사실을 입증해주는 가장 좋은 한 예가 불

영과 혼과 몸의
전인적인 구원

교의 성철 스님에 관한 이야기이다. 그는 한국 불교계의 살아있는 부처로 지칭을 받은 스님으로, 1912년 출생해서 25세 때 불교에 입문하여, 한때는 10년이 넘도록 앉은 채 도 닦는 등 57년간 강직한 초월생활을 한 저명한 고승이다.

그런 그는 1993년 82세 때 해인사에서 사망하면서 한 평생 깨달은 진리를 한 마디로 함축하여 "산은 산이요 물은 물이로다"라는 유명한 어록을 남기기도 했는데 문제는 그런 그 조차도 마지막 죽기 전에는 "한 평생 무수한 사람을 속였으니, 그 죄업이 하늘에 가득차 수미산보다 더하다. 산 채로 무간 지옥에 떨어져 그 한이 만 갈래이니 한 덩이 붉은 해 푸른 산에 걸려 있다"고 말함으로 불교의 허상을 스스로 자탄한 바 있다.

더 더욱 어처구니없는 사실은 성철스님이 믿었던 불교의 원조인 석가모니 역시 그의 최후의 어록으로 알려진 나마다 경에서, 예수님이 이 땅에 오실 것을 예수님 오시기 전 500년 전에 이미 예언하기도 했다는 점이다.

예수님이 이 땅에 오실 것을
예수님 오시기 전 500년
전에 이미 예언

나마다경전(38:8절)에 보면 "하시야소래오도무유

지등야"라는 구절이 있는데 이는 "언젠가 예수가 오시면 내가 깨달은 도는 기름 없는 등과 같다"는 뜻으로 불교의 창시자조차도 자신이 창시한 불교의 허상을 실토함으로, 참 진리는 오직 예수님밖에 없다는 영적 진리를 다시금 재확인시켜주는 가장 좋은 한 예로 볼 수 있다.

참 진리는 오직
예수님밖에 없다는
영적 진리

요 14:6 "예수께서 가라사대 내가 곧 길이요 진리요 생명이니 나로 말미암지 않고는 아버지께로 올 자가 없느니라."

II. 인간의 영과 혼과 몸의 삼중타락

첫 아담 인류시조가 사탄(뱀)의 유혹을 받아 금단의 열매 선악과를 따 먹고 범죄 타락한 결과 그 이후 첫 아담의 영과 혼과 몸의 상태는 다음과 같이 전락되고 말았다.

① 영은 생명의 본체이신 하나님과 생명의 단절로 인해서 사망에 빠지게 되었다〈창 2:16~17절〉.
② 혼은 하나님의 사랑의 영이 떠나므로 불안, 공

포, 근심, 염려, 의심, 고민, 절망 등의 심적 고통
으로 변질되고 시달림을 받게 되었다〈창 3:6~7
절〉.
③ 몸은 육체가 죄로 시들어가는 현상인 질병으로
죽어갈 수밖에 없는 존재가 되었다〈롬 5:12절 참
조〉.

그러므로 결국 첫 아담 인류시조의 범죄타락 결과
에덴동산에서 쫓겨난 이후부터 우리 인간의 형편과
처지는 다음과 같이 전락되고 말았다.

즉, ① 원죄와 유전죄로 인하여 우리 인간의 영은
죽은 상태로 태어나게 되었다〈엡 2:1절 참조〉.
② 범죄 타락한 인간의 혼은 일생 온갖 심적 고통
속에서 시달리며 살아가게 되었다〈시 90:10절 참조〉.
③ 범죄 타락한 인간의 몸은 결국 병들어 죽을 수
밖에 없는 존재가 되고 말았다〈막 1:34절 참조〉.

이것이 바로 범죄 타락 이후의 우리 인간의 영·
혼·몸의 3중 타락의 모습이다.

이것이 바로 범죄 타락
이후의 우리 인간의
영·혼·몸의
3중 타락의 모습

III. 인간의 영과 혼과 몸의 삼중구원

인류의 시조 첫 아담의 범죄로 인한 영·혼·몸의 삼중타락을 만회하고 회복시키시기 위해 하나님께서는 이 세상에 마지막 아담으로 독생자 예수님을 보내주셨다〈고전 15:45절 "기록된바 첫 사람 아담은 산 영이 되었다 함과 같이 마지막 아담은 살려 주는 영이 되었나니"〉.

영·혼·몸의 삼중구원과
회복의 역사

따라서 인간의 영·혼·몸의 삼중타락을 회복하러 이 세상에 오신 예수님께서는 다음과 같은 영·혼·몸의 삼중구원과 회복의 역사를 이루어 나가셔야만 했다.

① <u>과거</u> 2천 년 전에 육신을 입고 이 세상에 오신 예수님께서는 십자가에 피 흘려 죽으심으로 우리 <u>영의 속죄구원</u>을 완성하셨다〈요 19:30, 히 9:11~12절〉.

따라서 2천 년 전에 오셔서 우리 영의 속죄구원을 이루신 예수님을 지금 나의 영속에 구주로 믿고 영접할 때 우리는 거듭나서 하나님의 자녀라는 새롭게 변화된 신분을 얻게 된다. 이것이 <u>중생의 구원</u>이다.

② <u>현재</u> 사망권세 정복하시고 부활하신 예수님께서는 이미 예수 믿고 구원 받은 성도들의 심령 속에 성령 하나님으로 임재해 오셔서 우리 <u>혼의 성화의 구원</u>을 이루어나가고 계신다〈롬 8:9, 갈 5:22~24절〉.

따라서 우리는 구원받은 성도들의 심령 속에 성령 하나님으로 임재 해 오신 주님을 나의 혼속에 왕으로 모셔드릴 때 나의 인격과 생활이 비로소 하나님의 자녀답게 변화될 수가 있다. 이것이 <u>성화의 구원</u>이다.

그러므로 예수님을 믿고 영접함으로 거듭난 하나님의 자녀들이 내 혼 속에 주님을 왕으로 모시고 이 땅 위에서 천국을 맛보며 주와 동행하는 성령 충만한 성화의 생활을 계속 유지해 나가기 위해서는 매일 하나님의 말씀과 기도로 자기를 쳐 복종시키는 경건의 훈련과 신앙의 달음박질을 계속 힘써 나가야 한다〈빌 3:13~14, 고전 9:27, 고전 15:31절〉.

> 매일 하나님의 말씀과 기도로 자기를 쳐 복종시키는 경건의 훈련과 신앙의 달음박질

③ <u>미래</u>는 예수님께서 만왕의 왕으로 재림해 오셔서 우리 몸을 영원히 죽지 않을 신령한 몸으로 변화시

켜 주심으로 <u>몸의 영화의 구원</u>을 이루어 주실 것이다〈고전 15:51~52절〉.

그러므로 나의 몸은 재림의 주님을 만나는 날 다시는 죽지도 썩지도 아니할 영화로운 몸으로 완전히 체질마저 변화되어 재림하신 주님과 함께 천국에 들어가 영원무궁토록 영생복락을 누리게 될 것이다. 이것이 <u>영화의 구원</u>이다〈살전 4:16~17절〉.

이제까지 언급해 온 우리 예수님의 과거, 현재, 미래에 걸친 전인구원의 전 과정이 곧 첫 아담의 영·혼·몸의 삼중타락을 만회하고 회복시키려고 마지막 아담으로 오신 예수님을 통해 이루어지는 영·혼·몸의 삼중구원과 회복의 역사이다.

그러므로 이제 우리가 예수님의 영·혼·몸의 삼중구원과 회복의 역사를 살펴보면서 궁극적으로 깨달아야할 사실은 우리 죄인 괴수들이 죄와 사망에서 구원을 받게 된 것은 전적으로 하나님의 사랑과 예수님의 십자가의 구속의 은혜라는 사실을 깊이 깨닫고 감사드려야 하겠다.

마지막 아담으로 오신 예수님을 통해 이루어지는 영·혼·몸의 삼중구원과 회복의 역사

엡 1:7절 "우리가 그리스도 안에서 그의 은혜의 풍성함을 따라 그의 피로 말미암아 구속 곧 죄 사함을 받았으니."

여기에서 예수님의 십자가 대속의 죽음의 의미를 부각시켜주는 실화 하나를 소개하고자 한다. 노르웨이 어떤 마을에 있는 교회 종탑에는 십자가 조형물만 세워진 것이 아니라 그 십자가 바로 옆에 양 한 마리의 조각품도 세워 놓았다. 그 마을을 지나던 관광객들이 그 이유를 물었다. 그랬더니 그 교회 교인 한 분이 그 내력을 다음과 같이 설명해 주었다.

예수님의 십자가 대속의 죽음의 의미

"몇 년 전 교회당을 건축하다가 건축비가 부족했습니다. 그래서 교회 교인들은 기술자들을 다 보내고 자기들이 직접 교회당을 건축하기 시작했습니다. 그러던 어느 날 높은 종탑 위에서 일하던 한 교인이 순간적인 실수로 그 높은 종탑 위에서 땅 아래로 떨어져 버렸습니다. 모든 교인들은 그 순간 그 교인이 틀림없이 죽었다고 생각했습니다.

그러나 현장을 달려가 본 결과 그 교인은 전혀 죽지 않고 기적적으로 살아났습니다. 알고 보니 그 교인이 종탑 위에서 떨어지는 순간 그때 마침 양떼들이 그 종탑 아래를 지나가고 있었습니다. 그래서 그 교인은 양의 등 위에 떨어지게 되었고 그 결과 양은 죽고 사람은 살았습니다. 이 광경을 목도한 교인들은 하나같이 이렇게 외쳤습니다. "아! 양이 죽어야 사람이 사는구나!"

과연 그렇다. "하나님의 어린양 예수님이 죽으셔야 죄인들이 살 수가 있다." "그래서 하나님의 독생자 예수님은 십자가에 못 박혀 죽으셨고 죄인 괴수 나는 살았다." 〈아멘〉 이것이 바로 예수님 십자가 구속의 은혜이다.

예수님 십자가 구속의 은혜

성도 여러분!

이번 단락을 마무리하면서 우리 모두 각자 진지한 마음으로 다음과 같은 세 가지 질문에 자문자답해 보기 바란다.

① 당신은 영의 구원인 중생의 구원을 받으셨는가?

아직까지 중생의 구원을 받지 못하셨다면 이 책을

읽는 지금 예수 그리스도를 나의 구세주로 믿고 각자
내 영 속에 영접해 드리시기 바란다〈요 1:12절〉.

② 당신은 <u>혼의 구원</u>인 <u>성화의 구원</u>을 이루어나
가고 있는가?

아직까지 성화의 구원을 이루어나가지 못하고 있으
시다면 이 책을 읽는 지금 하나님의 말씀과 성령의 능
력으로 자아가 속히 깨어져서 내 혼 속에 주님을 왕으
로 모시고, 주와 동행하는 성령 충만한 삶을 새롭게
살아가기로 작정하시기 바란다〈갈 2:20절〉.

내 혼 속에 주님을 왕으로
모시고, 주와 동행하는
성령 충만한 삶

③ 당신은 <u>몸의 구원</u>인 <u>영화의 구원</u>을 받을 영
적준비가 되어 있는가?

아직까지 영화의 구원에 대한 영적준비가 되어 있
지 않다면 이 책을 읽는 지금부터라도 이제 멀지 않아
예수님께서 피로 얼룩진 인류역사의 장을 닫으시고
만왕의 왕으로 이 세상에 다시 재림하실 때 죽은 성도
의 부활과 산성도의 휴거를 통해 이루어질 영광스러
운 구원의 날을 성도의 최후, 최고, 최대의 소망으로
바라보고 믿고 기다리고 인내하며 그리스도의 신부로
서 영적으로 단장 하시기를 바란다.

아울러 항상 때를 알고 깨어 믿음의 등불과 성령의 기름과 의의 세마포를 준비하는 일에 최선을 다하며 살아가는 성도들이 되시기를 주님의 이름으로 축원하는 바이다〈계 22:12절〉.

"아멘! 주 예수여! 어서 속히 오시옵소서! 아멘!"

결론

사랑하는 성도 여러분! 그리고 친애하는 독자 여러분!

우리는 태초부터 거짓말쟁이의 원조였던 저 간교한 사탄의 삼대 속임수 가운데 두 번째 속임수인 영과 혼과 몸에 관한 속임수에 더 이상 속고 살지 말자!

저 간교한 사탄의 삼대 속임수 가운데 두 번째 속임수인 영과 혼과 몸에 관한 속임수

그러기 위해서는

① 영·혼·몸의 삼중창조

② 영·혼·몸의 삼중타락

③ 영·혼·몸의 삼중구원과 회복에 대한 성경에 나타난 확실한 복음진리를 바로 알고, 바로 깨닫고, 바로 살아가시기를 다시 한 번 더 주님의 이름으로 축원하는 바이다.

아멘! 할렐루야!

성도들의 영적 눈을 가리우는 속임수

3장

사탄의
세 번째 속임수

본문말씀

"만일 우리 복음이 가리웠으면 망하는 자들에게 가리운 것
이라 그 중에 이 세상 신이 믿지 아니하는 자들의 마음을
혼미케하여 그리스도의 영광의 복음의 광채가 비취지 못하
게 함이니 그리스도는 하나님의 형상이니라"(고후 4:3-4)

서론

신약성경 고린도후서 4:3-4절 말씀은 이 세상 신으
로 표현된 저 간교한 사탄이 모든 사람들의 영의 눈을
가리우고 마음을 혼미케 함으로 예수 그리스도의 복

성도들의 영적 눈을 가리우는 속임수 *61*

음의 광채가 비취지 못하도록 구원의 역사를 방해하고 영적 속임수를 쓰고 있다는 사실을 폭로해 주신 말씀이다.

사탄의 세 번째 속임수는
성도들의 영적 눈을
가리는 속임수

우리들이 이미 앞에서 공부한대로 사탄의 세 번째 속임수는 성도들의 영적 눈을 가리는 속임수이다. 즉 간교한 사탄은 성도들의 진리의 눈을 어둡게 함으로 성경말씀을 올바로 보지 못하게 하고 믿음의 눈을 가리움으로 예수님의 십자가의 피를 쳐다보지 못하게 하고 소망의 눈을 뜨지 못하게 함으로 저 영원한 천국을 바라보지 못하도록 교란작전을 쓰고 있다.

따라서 저 원수마귀 사탄은 성도들의 일상 신앙생활에서 영적 눈을 가리움으로 이미 앞에서 말한 중요한 세 가지 사실을 보지 못하도록 계속 속임수를 쓰고 있음을 특별히 주목하고 명심해야 하겠다.

Ⅰ. 사탄의 하나님의 말씀에 대한 속임수

사탄은 하나님의 말씀인 성경을 볼 때 앞부분에 있

는 축복의 전제조건이 되는 <u>계명의 말씀</u>은 보지 못하도록 영적 눈을 가리우고, 뒷부분에 있는 결과적인 축복에 대한 <u>약속의 말씀</u>만 욕심의 눈을 떠서 보도록 교묘하게 속임수를 쓰고 있다.

그 결과 하나님의 백성인 성도들로 하여금 하나님의 축복의 말씀을 온전히 순종치 못하게 함으로서 한 평생 신앙생활을 하면서도 성경에 약속된 복을 전혀 받아 누리지 못하도록 방해공작을 계속 펴 나오고 있다. 이것이 간교한 사탄의 또 하나의 속임수이다.

성경에 약속된 복을 전혀 받아 누리지 못하도록 방해공작

그렇다면 우리는 이와 같은 사탄의 속임수를 성경 말씀 가운데서 세 가지 실 예를 들어 살펴보기로 하자.

1. 욥기 8:5-7절 말씀을 살펴보자

"네가 만일 하나님을 부지런히 구하며 전능하신 이에게 빌고 또 청결하고 정직하면 정녕 너를 돌아보시고 네 의로운 집으로 형통하게 하실 것이라 네 시작은 미약하였으나 네 나중은 심히 창대하리라."

이 성구가 쓰여진 액자는 각 교회 교인들 가정과 각 업소마다 가장 많이 걸려져 있는 액자다. 그런데 문제는 욥 8:5-7절 말씀 가운데서 거의 대부분의 성도들의 눈에 가장 크게 확 들어오는 대목은 "네 시작은 미약하였으나 네 나중은 심히 창대하리라"는 대목이다.

사탄의 교묘한 속임수

사실 여기에 사탄의 교묘한 속임수가 있다. 따라서 사실상 욥기 8:7절에 나타난 "네 시작은 미약하였으나 네 나중은 심히 창대하리라"는 말씀보다 더 중요한 욥기 8:5-6절 말씀부터 먼저 주목해 보아야 한다.

그렇다면 욥기 8:5-6절에 나타난 축복의 전제조건이 되는 세 가지 내용의 계명의 말씀은 무엇인가?

① 하나님을 부지런히 구하며→ 하나님만을 간절히 찾고 사모하라!
② 전능하신 이에게 빌고→ 회개하고 간절히 기도하라!
③ 청결하고 정직하면 → 깨끗한 마음으로 정직하게 살라!

따라서 이 앞부분에 나타나 있는 축복의 전제조건이 되는 욥 8:5-6절의 계명의 말씀만 그래도 믿고 절대 순종하고 실천만 한다면 뒷부분 욥 8:7절에 약속하신 축복은 자동적으로 받아 누리게 되어 있다.

그러므로 우리 성도들은 항상 이와 같은 사탄의 교활한 속임수에 속지 않고 빠지지 않도록 신령한 영의 눈을 올바로 떠야 하겠다.

신령한 영의 눈을 올바로 떠야 하겠다.

2. 시편 50:14-15절 말씀을 살펴보자

"감사로 하나님께 제사를 드리며 지극히 높으신 자에게 네 서원을 갚으며 환난 날에 나를 부르라 내가 너를 건지리니 네가 나를 영화롭게 하리로다."

이 시편 50:14-15절 말씀 가운데서도 여전히 간교한 사탄은 앞 절인 시 50:14절 말씀은 영적 눈을 가려서 잘 못보게 할 뿐만 아니라 또한 읽기는 읽어도 그 말씀의 의미가 마음에 와 닿도록 깨닫지 못하게 방해한다. 다만 뒷 절인 시 50:15절 말씀만 욕심의 눈을 열어 보게 한다.

"환난 날에 나를 부르라 내가 너를 건지리니 네가 나를 영화롭게 하리로다."

이것이 바로 사탄의 유치한 속임수임을 기억해야 한다.

따라서 환난 날에 나를 건져주시는 일은 하나님 아버지께서 알아서 하실 일이고 다만 그 전에 일상생활에서 내가 먼저 순종하고 실천해야 할 일은 하나님께 감사생활을 바로 하는 것과 그리고 하나님께 서원한 것은 반드시 갚는 일부터 철저히 이행하는 것이 선행되어야만 한다. 그러므로 우리 성도들의 신앙생활에는 평소에 하나님께 착실하게 크레딧(신임)을 쌓아 놓는 일이 가장 중요하다.

우리 성도들의 신앙생활에는 평소에 하나님께 착실하게 크레딧(신임)을 쌓아 놓는 일이 가장 중요하다.

3. 마태복음 6:33절 말씀을 살펴보자

마 6:33 "너희는 먼저 그의 나라와 그의 의를 구하라! 그리하면 이 모든 것을 너희에게 더 하시리라!"

예수님께서는 마태복음 5장, 6장을 통해서 주옥같은 산상보훈의 말씀을 통해서 다음과 같은 생활교훈을 주셨다.

즉 우리 하나님의 자녀들은 불신이방인들처럼 밤낮 무엇을 먹을까? 무엇을 입을까? 만 염려치 말고 모든 일에 하나님 아버지의 근원적인 사랑을 믿고 믿음으로 맡기고 살아갈 것을 교훈해 주시고 나서 총 결론적인 말씀으로 마 6:33절 말씀을 생활표준으로 주신 것이다.

그럼에도 불구하고 저 교활한 사탄은 앞부분에 나타난 "너희는 먼저 그의 나라와 그의 의를 구하라!"고 하신 축복된 삶의 전제조건이 되는 계명의 말씀은 보지 못하도록 영적 눈을 가리고 다만 " 이 모든 것을 너희에게 더 하시리라!"는 뒷부분의 축복에 대한 약속의 말씀에만 욕심내도록 속임수를 쓰고 있다.

축복에 대한 약속의 말씀에만 욕심내도록 속임수

이것이 바로 간교한 사탄의 또 하나의 속임수이다. 그러므로 우리 성도들은 "이 모든 것을 더 하시리라." 는 결과적인 축복에만 욕심내지 말고 오히려 주님께서 삶의 우선순위로 주신 "너희는 먼저 그의 나라와 그의 의를 구하라!"고 하신 계명의 말씀에 절대 순종하는 삶에 최선을 다해 힘을 써야 하겠다.

그러기 위해서는 우리의 삶의 우선순위 첫 자리에 항상 하나님, 예수님, 성령님을 모시고 아울러 기도생활, 감사생활, 교회봉사 생활, 전도와 선교생활을 앞세우고 살아가는 그 나라와 그의 의를 구하는 삶을 통해서 "이 모든 것을 너희에게 더 하시리라"고 하신 주님의 신실한 약속의 축복을 말씀 그대로 다 받아 누리며 살아가시기를 주님의 이름으로 축원하는 바이다.

그렇다면 이번 단원에서 우리들이 마지막으로 생각할 문제는 저 원수마귀 사탄이 하나님의 자녀들로 하여금 하나님의 말씀을 올바로 보고 듣고 올바로 깨닫고 올바로 순종하지 못하도록 결사적으로 방해공작과 교란작전을 계속해 오고 있는 근본이유가 무엇일까? 하는 것이다.

방해공작과 교란작전을 계속해 오고 있는 근본이유

그 근본이유는 살아계신 하나님의 말씀을 올바로 보고 듣고 깨닫고 순종하면 그 사람은 누구나 죄와 사망에서 구원받고 변하여 새 사람이 되고, 일생 하나님의 자녀로 복을 받고 살아갈 수가 있기 때문이다〈딤후

3:15-17절 참조〉.

이런 측면에서 일본의 유명한 도모다까 시모지의 실화는 오늘날 우리 성도들에게 많은 깨달음과 감명을 던져주고 있다.

세계 제2차 대전이 발발하기 전에 일본 북해도에는 사형수들만 데려다가 탄을 깨는 탄광이 있었다. 사형수들에게 지금 죽을래? 탄을 깨다가 죽을래? 하고 물어보면 하나같이 사형수들 전부가 다 탄을 깨다가 죽겠다고 했다. 그래서 그 탄광에는 사형수들만 7,000명이 넘게 탄을 캐고 있었는데 그 가운데 하나가 당시 나이 26살인 도모다까 시모지였다.

그래도 그 탄광에 주말이면 거의 모든 사형수들에게 면회를 오는데 딱 한사람 아무도 면회를 오지 않는 사람이 있는데 바로 그 사람이 도모다까 시모지였다. 도모다까 시모지에게는 면회를 올 사람이 없었다. 왜냐하면 그에게는 친척도 없고 다만 사오천리도 넘는 일본의 남쪽 끝에 나이가 70이 훨씬 넘은 병약한 어머니 한분이 생존해 계셨기 때문이다.

게다가 그 어머니 역시 너무 가난하게 살고 있었기 때문에 첫째는 교통비가 없고, 두 번째는 병약한 건강 때문에 면회를 올래야 올 수가 없었다. 그러니까 도모다까 시모지에게는 면회를 올 사람이 없다보니 주말이 되면 혼자 방에서 외롭게 지냈다. 그런데 어느 날 간수가 혼자 뒹굴 거리고 있는 도모다까 시모지에게 누가 면회 왔다고 통보를 해왔다. 그랬더니 "나에게 면회 올 사람은 없어!"라고 말하면서 나갔는데 이게 웬일인가? 나가 보니까 철장문 밖에 사오천리 밖에 있는 섬에 사는 그 늙은 어머니가 허리는 다 꾸부러지고 얼굴은 온통 주름살로 다 덮힌 한없이 초라한 모습으로 그 아들을 쳐다보고 서 있었다.

그런데 그 아들이 얼마나 독한 놈인가 하면 그 어머니를 보자 말자 "왜 왔어! 나는 당신의 아들이 아니야! 그러니까 속히 돌아가!"라고 소리를 와락 지르고 나서 돌아서 버렸다. 그러니까 자기 아들의 성격을 잘 아는 어머니는 눈물을 흘리며 "아들아 이 어미는 안 만나도 좋지만 이것만은 받아가지고 가거라. 이것만은…"하고 통사정을 하니까 그 철조망 사이로 가서 자기 엄마가 싸 가지고 온 보따리 하나를 받아들고 그냥 자기

아들아 이 어미는
안 만나도 좋지만 이것만은
받아가지고 가거라

감방으로 들어와 버렸다.

그게 도모다까 시모지와 그 어머니와의 이 세상의 마지막 이별이었다. 이 아들 녀석이 감방에 돌아와서 어머니가 전해주고 간 보따리를 풀어 보니 다른 것은 일체 없고 오직 신구약 성경책 한 권이 들어있었다. 그 어머니가 어떻게 누구에게 전도를 받고 교회에 나가게 되었는지는 몰라도 신구약 성경 한권을 싸 가지고 사형수 아들에게 마지막으로 전해주려고 그 수천리 머나먼 길을 목숨걸고 찾아왔던 것이다.

오직 신구약 성경책 한권

그러나 불효막심한 이 아들은 "이런걸 왜 나에게 가지고 왔어!"라고 반항하면서 그 성경책을 방구석에 던져버리고 자리에 벌렁 누워 버렸다. 그런데 2차 대전 전에 그 당시 일본에는 종이가 매우 귀했던 시절이라 한 감방에 40명의 죄수들이 잠을 자는데 나머지 39명이 각기 면회를 끝내고 들어오더니 그 성경책을 보고 "얼씨구나! 담배 피울 종이가 생겼구나!"라고 하면서 이쪽저쪽에서 한 장씩 뜯어서 담배를 피우기 시작했다.

그렇게 2주일 정도 지나다 보니까 성경책의 양쪽이 상당 부분 뜯어져 나갔다. 담배 종이로는 성경책 종이가 가장 일품이었기 때문이었다. 그러던 어느 날 도모다까 시모지가 탄을 캐고 들어와서 양쪽이 다 떨어져 나간 성경을 보면서 그래도 우리 어머니가 사오천리 먼 타향에서 이것 하나를 아들에게 전해주려고 왔었는데 내가 너무한 것이 아닌가 하는 생각이 뒤늦게 들어서 그는 그 성경책을 손에 집어 들었다.

그런데 그때부터 하나님의 놀라운 역사가 일어나기 시작했다. 성경말씀이 얼마나 놀라운 힘이 있는지 그 사형수 26살짜리 독종 인물 도모다까 시모지가 그 성경을 읽기 시작한 순간부터 밥 먹을 때도 잠잘 때도 그 성경책을 손에서 내려놓지 않고 계속 빠져 들어가기 시작했다. 매일 석탄을 지하 150m 갱도 속에서 2시간 캐고 나서는 30분씩 쉬는 시간이 있는데 바로 그 쉬는 시간에도 도모다까 시모지는 머리에 쓰고 있는 플래시 전등을 켜 가지고 성경 읽는 것을 유일한 낙으로 삼았다. 그러다가 두세 달이 지난 어느 날은 옆에 사람들이 너무 떠드는 바람에 건너편 빈 갱도로 들어가 혼자 성경을 읽고 있었다.

성경 읽는 것을 유일한 낙

그러던 중 갑자기 자기가 조금 전 함께 탄을 캐던 갱도에서 벼락같은 소리가 들려서 달려가 보니 그 갱도가 완전히 무너져서 조금 전 함께 탄을 캐던 동료 죄수 39명이 다 갱도에 묻혀 죽었고 자기 혼자만 기적적으로 살아남을 수가 있었다. 그때부터 이 도모다까 시모지는 날마다 왜? 하나님이 나를 살렸느냐고 통곡하면서 완전히 변화된 인생으로 살아가기 시작했다.

완전히 변화된 인생으로 살아가기 시작했다.

자기 동료 사형수가 아프면 그 친구를 전심으로 도와주고, 그 친구 대신 일해주고, 온갖 희생봉사를 앞장 서 솔선수범하는 모범 죄수로 살아간 결과 불과 3년 만에 이 사형수 도모다까 시모지는 사형수에서 사면이 되어 출옥할 수 있는 기적 같은 일이 일어났다.

그 후 도모다까 시모지가 79세에 죽을 때까지 일본에 고아원 8개를 세웠고, 중고등학교 8개를 세웠다. 일본 정부는 그의 공로를 높이 인정한 나머지 일본 천황으로부터 교육자 대상과 사회사업 대상까지 하사했다.

바로 이 도모다까 시모지가 마지막 운명하기 직전

에 남긴 말이 무엇이냐 하면 "성경! 우리 어머니가 나에게 가져왔던 성경! 나는 그 성경 안에서 주님을 만났다. 그리고 새로운 인생으로 거듭날 수 있었다"라고 고백해 주었다고 한다.

시 107:19-20절 "이에 저희가 그 근심 중에서 여호와께 부르짖으매 그 고통에서 구원하시되 저가 그 말씀을 보내어 저희를 고치사 위경에서 건지시는도다."

그러므로 성경은 하나님의 말씀을 읽는 자, 듣는 자, 지키는 자가 복이 있다고 말씀해 주고 있다〈계 1:3절 참조〉.

성경은 하나님의 말씀을 읽는 자, 듣는 자, 지키는 자가 복이 있다고 말씀해 주고 있다

II. 사탄의 갈보리 언덕 십자가의 피에 대한 속임수

사탄은 인간들로 하여금 갈보리 언덕에서 흘리신 하나님의 어린양 예수 그리스도의 십자가의 피는 쳐다보지 못하도록 믿음의 눈을 가리우고, 항상 자기 과거의 추하고 더럽고 수치스러운 죄만 들여다보도록

하나님의 어린양 예수 그리스도의 십자가의 피

유도하고 있다.

그렇게 함으로 궁극적으로 그 사람으로 하여금 예수 그리스도의 구원에 대한 사죄의 확신과 구원의 감격과 소망의 즐거움을 갖지 못하도록 계속 방해하고 교란작전을 펴 나오고 있다. 이것이 바로 간악한 사탄의 또 하나의 무서운 속임수요 간교한 전략이다.

이것이 바로 간악한 사탄의
또 하나의 무서운
속임수요 간교한 전략

따라서 오늘날 수많은 신자들이 교회에 나와 신앙생활은 한다고 하면서 정작 가장 중요한 자기 영혼구원에 대한 사죄의 확신은 전혀 갖지 못한 채 하나의 정신수양 차원의 종교생활만 영위해 나가고 있음을 볼 수 있다.

그 결과 과연 당신은 참으로 구원을 받았는가?
아울러 오늘 이 시간 죽어도 천국 들어갈 확신이 있는가? 라는 원천적인 질문에 확실한 대답을 갖지 못하고 살아가고 있다. 그러므로 우리 성도들이 반드시 명심하고 꼭 알아야할 사실은 성령 하나님께서는 항상 당신의 죄를 속죄해 주신 갈보리 언덕의 십자가 위에서 흘리신 보혈의 피를 믿음의 눈으로 쳐다

보도록 역사하시지만 저 간교한 사탄은 항상 당신이 과거에 범한 죄악만 드려다 보도록 속임수를 쓰고 있다는 사실이다.

그렇다면 사탄의 이와 같은 속임수에 현혹되지 않을 수 있는 최선의 방법은 무엇일까? 그것은 곧 예수 그리스도의 십자가 보혈의 피가 과연 어떤 피이며, 그 보혈이 우리에게 미치는 능력과 효능이 과연 어떤 것인가 하는 보혈의 복음을 성서적으로 정확히 알아야 할 필요가 있다.

일찍이 종교 개혁자 마틴 루터는 이렇게 외쳤다. "성경을 짜 보아라! 피가 나올 것이다!" 과연 구약을 짜면 희생의 재물이 된 짐승의 피가 나온다. 그리고 신약을 짜면 하나님의 어린양 예수님의 피가 줄줄 나오고 있다〈벧전 1:18-19절 참조〉.

성경을 짜 보아라!
피가 나올 것이다!

그러므로 성경을 보면서 66권을 맥맥이 흐르고 있는 예수님의 보혈의 강을 보지 못한다면 그는 누구나 영적 장님이라고 할 수밖에 없다.

그런데 우리들이 신약성경 4복음서를 자세히 살펴보면 예수님께서는 세 차례에 걸쳐 보혈의 피를 흘리셨다는 사실을 발견할 수가 있다.

1. 예수님께서 이 땅 위에서 첫 번째로 흘리신 보혈의 피는 로마병정의 채찍에 맞아 흘리신 피다.

요 19:1절 "이에 빌라도가 예수를 데려다가 채찍질하더라."

이때 예수님께서는 대략 3시간 정도 채찍에 맞으셨을 것으로 성서학자들은 추정하고 있다. 로마 총독 빌라도의 법정에서부터 골고다 언덕길로 올라가는 동안 예수님께서는 무수한 로마병정들의 채찍을 맞으셨다. 그렇다면 예수님께서 로마병정들의 채찍에 수없이 맞으시고 흘리신 보혈의 피는 오늘날 우리들에게 영적으로 어떤 의미를 주는 피인가?를 알아야 하겠다.

예수님께서 로마병정들의 채찍에 수없이 맞으시고 흘리신 보혈의 피

구약 선지자 이사야는 예수님께서 채찍에 맞아 흘리신 보혈의 피의 의미를 다음과 같이 설명해 주고 있다.

사 53:5절 "그가 찔림은 우리의 허물을 인함이요 그가 상함은 우리의 죄악을 인함이라 그가 징계를 받음으로 우리가 평화를 누리고 그가 채찍에 맞음으로 우리가 나음을 입었도다."

이 말씀은 무엇을 의미해 주고 있는가?

<u>예수님께서 채찍에 맞아 흘리신 피</u>는 신유의 능력을 주는 피요, 병 나음을 주는 피요, 건강을 가져다주는 피라는 사실을 확실하게 선포해 주고 있다. 그러므로 저와 여러분들은 항상 이 보혈의 피를 믿고 받아드림으로 우리 모두 신유의 은혜로 기적 같은 강건함의 축복을 받아 누리시기를 주님의 이름으로 축원하는 바이다.

2. 예수님께서 이 땅 위에서 두 번째로 흘리신 보혈의 피는 로마병정들이 강제로 씌운 가시 면류관에 찔려서 흘리신 피다.

마 27:27-30절 "이에 총독의 군병들이 예수를 데리고 관정 안으로 들어가서 온 군대를 그에게로 모으고 그의 옷을 벗기고 홍포를 입히며 가시 면류관을 엮어 그 머리에 씌우고 갈대를 그 오른손에 들리고 그 앞에서 무릎을 꿇고 희

예수님께서 채찍에 맞아 흘리신 피는 신유의 능력을 주는 피요, 병 나음을 주는 피요, 건강을 가져다주는 피

롱하여 가로되 유대인의 왕이여 평안할지어다 하며 그에게
침 뱉고 갈대를 빼앗아 그의 머리를 치더라."

여기에 예수님께서 가시 면류관을 쓰셨다는 것은
영적으로 바로 우리 죄인들을 대신해서 죄인 괴수 내
가 마땅히 받았어야할 온갖 저주를 대신 담당하셨다
는 것을 의미해 주고 있다.

왜냐하면 인류시조 아담하와가 범죄타락한 결과 땅
이 함께 저주를 받아 가시덤불과 엉겅퀴를 내기 시작
했기 때문이다〈창 3:17-18절 참조〉.

따라서 예수님께서 가시 면류관을 쓰고 흘리
신 피는 곧 우리 인간의 죄 값으로 받는 저주를 씻어
주신 보혈의 피라는 사실을 의심 없이 믿으시기 바란
다.

갈 3:13절 "그리스도께서 우리를 위하여 저주를 받은바 되
사 율법의 저주에서 우리를 속량하셨으니 기록된바 나무에
달린 자마다 저주 아래 있는 자라 하였음이라."

예수님께서 가시 면류관을
쓰고 흘리신 피는
곧 우리 인간의 죄 값으로
받는 저주를 씻어주신
보혈의 피

그러므로 부족한 종과 독자 여러분은 항상 주님께서 가시 면류관에서 흘리신 보혈의 피를 믿고 받아 드리심으로 가난에서 부요로, 절망에서 소망으로, 질병에서 건강으로, 문제에서 해결로, 저주에서 축복으로 바꾸어지시기를 주님의 이름으로 축원하는 바이다.

3. 예수님께서 이 땅 위에서 세 번째로 흘리신 보혈의 피는 갈보리 언덕 십자가 위에서 양발과 양손과 옆구리에서 흘리신 피다.

요 19:17-18절 "저희가 예수를 맡으매 예수께서 자기의 십자가를 지시고 해골(히브리말로 골고다)이라 하는 곳에 나오시니 저희가 거기서 예수를 십자가에 못 박을 새 다른 두 사람도 그와 함께 좌우편에 못 박으니 예수는 가운데 있더라."

요 19:33-34절 "예수께 이르러는 이미 죽은 것을 보고 다리를 꺾지 아니하고 그 중 한 군병이 창으로 옆구리를 찌르니 곧 피와 물이 나오더라."

과연 주님께서는 양발과 양손에 여섯 치가 넘는 대못에 못 박혀 자그만치 여섯 시간 동안이나 온 몸에 피를 다 쏟아 주셨을 뿐만 아니라 심장에 마지막 고여 있는 최후의 피 한 방울, 물 한 방울까지도 죄인 괴수 나와 당신의 속죄구원을 위해 다 쏟아 주시고 가셨다.

따라서 이 예수님의 보혈의 피가 나와 당신을 영원한 죄와 사망과 지옥 불에서 속죄 구원해 주신 보혈의 피라는 사실을 의심 없이 믿으시기 바란다.

〈복음성가〉
"마지막 피 한 방울 나를 위해 흘렸네. 그 피로 내 죄 씻었네!" 아멘!

결국 성서적으로 보면 믿음은 어떤 의미에서 예수 십자가 구속의 은총에 대한 감격이라고 할 수 있다. 그런데 문제는 저 간교한 사탄이 이 놀라운 예수 그리스도의 보혈의 피를 믿는 믿음을 소유하지 못하도록 계속 교란작전을 쓰고 있다는 사실이다.

그리스도의 보혈의 피를 믿는 믿음을 소유하지 못하도록 계속 교란작전

그러기에 우리는 잠시 눅 23:39-43절에 나타난 예수님께서 십자가에 못 박히시던 날 함께 십자가에 처형을 받았던 오른편 강도와 왼편 강도의 최후 죽음을 분명히 비교해 볼 필요가 있다. 오른편 강도는 죽기

직전에라도 예수 그리스도의 속죄의 피를 보는 눈이 열려 그 예수님께 구원을 간청함으로 결국 최후의 순간에 구원을 받아 그 주님과 함께 낙원 천국에 들어갈 수가 있었다.

그런가 하면 왼편 강도는 불행하게도 끝내 사탄이 그 눈을 가리워서 구원의 주가 되시는 예수님과 그 예수님께서 흘리신 십자가의 피는 못 보고 자기 흉악한 죄만 보고 자포자기하고 자학한 나머지 궁극적으로는 비참한 멸망의 최후를 맞이할 수밖에 없었다.

그렇다면 결론적으로 우리가 어떤 믿음을 가져야 사탄의 이와 같은 간교한 속임수에 속지 않고, 굳건히 서서 간교한 마귀사탄의 궤계를 물리치고 승리할 수 있겠는가?

간교한 마귀사탄의 궤계

속죄구원의 유일한 근거를 오직 예수 그리스도의 십자가의 피 공로만을 의지하는 피의 복음 위에 자신의 신앙을 건축해야 한다.

다시 말하면 죄인 괴수 내가 속죄 구원을 받은 것은 나의 의로운 행위나 공로나 노력으로 된 것이 아니라 전적으로 <u>하나님의 독생자 예수 그리스도의 십</u><u>자가의 보혈의 피 공로</u>로 된 것을 의심 없이 믿는 믿음 위에 자신의 신앙의 기초를 굳건히 세워야만 한다.

하나님의 독생자
예수 그리스도의
십자가의 보혈의 피 공로

히 9:11-14 "그리스도께서 장래 좋은 일의 대제사장으로 오사 손으로 짓지 아니한 곧 이 창조에 속하지 아니한 더 크고 온전한 장막으로 말미암아 염소와 송아지의 피로 아니하고 오직 자기 피로 영원한 속죄를 이루사 단번에 성소에 들어가셨느니라 염소와 황소의 피와 및 암송아지의 재로 부정한 자에게 뿌려 그 육체를 정결케 하여 거룩케 하거든 하물며 영원하신 성령으로 말미암아 흠 없는 자기를 하나님께 드린 그리스도의 피가 어찌 너희 양심으로 죽은 행실에서 깨끗하게 하고 살아계신 하나님을 섬기게 못하겠느뇨."

이런 의미에서 한때 한국교계에서 감동적인 실화로 알려진 한국 동해안 바닷가 기도원에서의 실제 간증 한편을 소개하고자 한다.

어떤 청년이 있었는데 청년시절 말할 수 없이 허랑

방탕하며 범죄 타락한 생활을 하던 중 어떤 전도 집회에 참석했다가 큰 은혜를 받고 예수님을 영접하고 새 사람이 된 후 뒤늦게나마 신학교를 졸업하고 시골 농촌 교회 전도사로 임명받고 개척목회를 시작했다.

자신의 영혼구원에 대한 확신

그런데 문제는 하나님 앞에 자신의 과거를 돌아보며 기도할 때마다 자신의 영혼구원에 대한 확신이 흔들리기 시작했다. 다른 사람은 몰라도 나같이 과거가 너무나도 추악한 죄인 괴수가 그렇게 쉽게 속죄구원을 받았을 것 같지 않은 의심과 불안 때문에 계속 고민하고 양심으로 괴로워했다. 바로 이것이 사탄의 간교한 속임수였다.

그래서 이 심각한 근본 문제를 해결하기 위해 어느 한 날 동해안 바닷가에 있는 조그만 기도원을 찾아가서 3일 동안 밤낮으로 금식하고 회개하고 몸부림치며 부르짖었다. "하나님 아버지! 하나님께서 내 과거의 모든 죄를 깨끗이 다 용서해 주셨다고 하는 확실한 증거와 사죄의 음성을 직접 들려주시지 않으시면 나는 신앙양심상 더 이상 주의 종의 길을 걸어 나갈 수가 없습니다"라고 부르짖었더니 하나님께서 드디어 응답해 주셨다.

"사랑하는 아들아! 내가 이미 내 아들 예수가 십자가에서 흘린 속죄구원의 피로 네 모든 죄를 다 사해 주었노라!" 하는 음성이 들려왔다. 그때 이 전도사님은 "하나님 아버지 다른 사람의 죄는 몰라도 나의 과거의 많고 많은 죄를 아무 조건 없이 그렇게 쉽게 하루아침에 몽땅 다 용서해 주셨다는 사실이 아직까지 실감 있게 믿어지지가 않습니다"라고 솔직하게 고백했다. 그랬더니 하나님께서 다시 말씀하시기를 "내가 너의 지은 많고 많은 죄만을 들여다본다면 절대로 너를 용서할 수 없을 뿐만 아니라 너의 죄 값대로 너를 심판하고 형벌할 수밖에 없단다.

그러나 너의 지은 모든 죄를 다 용서할 수 있었던 것은 다만 너의 죄를 온통 다 뒤덮고 있는 내 아들 예수의 십자가의 피를 보고 내가 너의 과거의 모든 죄를 무조건 다 용서해 주었노라!"라고 응답해 주셨다. 그와 동시에 하나님께서 하나의 환상을 실물교훈으로 보여주셨다. 그 환상 중에 보니 동해안 바닷가에 서 있는 자기 손에 큰 바가지 하나가 들려 있는데 그 안에는 시커먼 먹물이 가득 담겨 있었다.

예수가 십자가에서 흘린 속죄구원의 피

그때 하나님으로부터 음성이 들려왔다. "너는 그 먹물을 네 앞으로 밀려들어오고 있는 바닷물에 다 부어 보아라!" 그래서 바가지 속에 담겨 있는 그 먹물을 밀려들어오는 바닷물에 다 부었다. 그랬더니 그 시커먼 먹물이 깨끗한 바닷물 속에 시커멓게 번져 나가기 시작했다. 그 순간 큰 파도가 밀려와서 다 집어삼킨 채 다시 바다로 밀려 나갔다. 그리고 나니 언제 먹물 한 바가지를 부었는지 흔적도 없이 푸르고 깨끗한 파도물만이 여전히 찰싹거리고 있었다.

바로 그 순간 하나님으로부터 이와 같은 음성이 들려왔다. "사랑하는 아들아! 네가 이제껏 지은 죄가 먹물 한 바가지와 같다면 온 천하 인간들의 모든 죄를 다 용서하고도 남을 내 아들 예수가 십자가에서 흘린 보혈의 피를 통한 속죄의 은혜는 저 바닷물보다 더 넓고 더 깊은 것을 너는 아직도 믿지 못하겠느냐?"

이 환상을 통해 들려주시는 실물교훈의 하나님의 음성을 듣고 이 전도사님은 완전히 깨어지고 뒤집어져서 너무 기쁘고 감격한 나머지 동해 바닷가에 뛰어

예수가 십자가에서 흘린 보혈의 피를 통한 속죄의 은혜

나가서 어린아이처럼 춤을 덩실덩실 추면서 "나 속죄 받은 후 나 속죄 받은 후 주를 찬미하겠네 나 속죄 받은 후 주의 이름을 찬미하겠네"라고 속죄구원의 찬송을 소리높여 불렀다.

엡 1:7절 "우리가 그리스도 안에서 그의 은혜의 풍성함을 따라 그의 피로 말미암아 구속 곧 죄 사함을 받았으니."

III. 사탄의 영원한 천국 본향의 소망에 대한 속임수

사탄은 인간들로 하여금 영원한 본향 천국의 소망은 바라보지 못하게 하고 이 세상 땅엣 것만 크게 보이게 함으로 결국 천국은 못 들어가게 방해하고 지옥으로 들어가도록 유혹하고 있다.

천국은 못 들어가게 방해하고 지옥으로 들어가도록 유혹

이것이 간교한 사탄의 또 하나님의 속임수이다. 과연 사탄은 오늘날 수많은 교인들로 하여금 교회생활은 하면서도 밤낮 세상성공, 세상출세, 세상물질만 크게 보이게 하고 저 영원한 본향 천국의 신령한 축복은 바라보지 못하게 함으로 그들이 천국을 미리 준비하지 못하고 살다가 결국에는 지옥불에 들어가도록 온갖 수단방법을 총동원해서 미혹해 나가고 있다.

빌 3:18-19절 "내가 여러 번 너희에게 말하였거니와 이제도 눈물을 흘리며 말하노니 여러 사람들이 그리스도 십자가의 원수로 행하느니라 저희의 마침은 멸망이요 저희의 신은 배요 그 영광은 저희의 부끄러움에 있고 땅의 일을 생각하는 자라."
골 3:1-2절 "그러므로 너희가 그리스도와 함께 다시 살리심을 받았으면 위엣 것을 찾으라 거기는 그리스도께서 하나님 우편에 앉아 계시느니라 위엣 것을 생각하고 땅엣 것을 생각지 말라."

천국의 소망을 바라보지 못하도록 유혹하고 방해하는 사탄의 속임수

그렇다면 문제는 계속적으로 천국의 소망을 바라보지 못하도록 유혹하고 방해하는 사탄의 속임수에 속지 않도록 바로 가르치고 깨우치는 최선의 방책은 무엇일까요?

그것은 곧 성경에 나타난 우리의 영원한 본향 천국은 과연 어떤 곳인가?를 올바로 아는 일인줄 믿는다.

우리는 이와 같은 맥락에서 성경에 나타난 천국에 대한 다음과 같은 기본적인 사실을 반드시 알아야 하겠다.

1. 천국의 실존에 대한 성서적인 올바른 개념

성경에 보면 분명히 천국은 실제로 우주 북쪽 공간 깊숙한 곳에 존재하는 실존의 세계라는 사실을 가르쳐 주고 있다〈욥 26:7-9, 시 48:1-2절 참조〉.

천국은 실제로 우주 북쪽 공간 깊숙한 곳에 존재하는 실존의 세계

그러기에 성경은 아브라함과 이삭과 야곱을 비롯한 위대한 별과 같은 믿음의 열조들이 나나같이 일생동안 우리의 영원한 본향 천국에 대한 햇불같은 소망만을 바라 보고 승리적인 믿음의 사람으로 살아갔다는 사실을 증거해주고 있다.

히 11:13-16절 "이 사람들은 다 믿음을 따라 죽었으며 약속을 받지 못하였으되 그것들을 멀리서 보고 환영하며 또 땅에서는 외국인과 나그네로 증거하였으니 이같이 말하는 자들은 본향 찾는 것을 나타냄이라 저희가 나온바 본향을 생각하였더면 돌아갈 기회가 있었으려니와 저희가 이제

는 더 나은 본향을 사모하니 곧 하늘에 있는 것이라 그러므로 하나님이 저희 하나님이라 일컬음 받으심을 부끄러워 아니하시고 저희를 위하여 한 성을 예비하셨느니라."

영원한 천국의 주인공이신 예수님

그런가 하면 저 영원한 천국의 주인공이신 예수님 자신이 천국의 실존에 대해서 가장 분명히 증거해주셨다.

요 14:1-3절 "너희는 마음에 근심하지 말라 하나님을 믿으니 또 나를 믿으라 내 아버지 집에 거할 곳이 많도다 그렇지 않으면 너희에게 일렀으리라 내가 너희를 위하여 처소를 예비하러 가노니 가서 너희를 위하여 처소를 예비하면 내가 다시 와서 너희를 내게로 영접하여 나 있는 곳에 너희도 있게 하리라."

여기에 예수님께서 친히 언급해 주신 "거할 곳"이란 영원한 안식처를 의미해 주신 말씀이다〈영어로는 many mansions〉. 또한 "처소"란 말 역시 실제적인 장소를 의미해 준 말씀이다〈영어로는 Dwelling Place〉. 그 뿐만 아니라 구약성경에 등장하는 성도 에녹과 선지자 엘리야가 산채로 승천한 사실만 보아도, 또한 예수님께서 부활체를 입으시고 감람산 위에서 수많은 제자와 증인들이 생생하게 지켜보는 가운데 산채로 하늘나라로 승천한 사실만 보아도 천국은 결코 막연한 추상적인 신비한 환상의 세계가 아니라 실제로 확실히 존재하는 <u>실존의 세계</u>라는 사실이 충분히 입증이 되고도 남음이 있다.

그러므로 결국 성경에서 말하는 천국은 창세 이후부터 예수님께서 지상 재림하실 때까지 전 세계 인류 중에서 구원 받은 하나님의 백성들이 들어가서 영원무궁토록 영생복락을 누리며 살아갈 하늘나라 영원한 본향을 의미해 주고 있다.

구원 받은 하나님의 백성들이 들어가서 영원무궁토록 영생복락을 누리며 살아갈 하늘나라 영원한 본향

2. 천국에 있는 것과 없는 것

(1) 천국에 있는 것을 무엇인가?

천국에는 예수 믿고 구원 받은 성도들이 영원무궁토록 누릴 영생복락이 있고, 인간세계에서 겪었던 모든 불행과 슬픔과 저주적인 모습들은 전혀 찾아볼 수가 없고 광명한 빛과 웃음과 기쁨과 감사와 찬송과 사랑과 행복과 영광만이 강물처럼 가득차고 넘치는 곳이 곧 <u>천국</u>이다.

그 뿐만 아니라 이 세상에서는 도저히 상상도 못하게 아름다운 12 진주 문, 황금보석 성, 맑은 유리 같은 정금 길, 수정 같이 맑은 생명 강수, 12가지 과실을 맺는 생명나무를 비롯해서, 이 세상 사람들이 누구나 입을 딱 벌리고 좋아하고, 부러워하고, 깜짝 놀랄 온갖 진귀한 보석으로 가득 차 있는 곳이 성경이 보여준 천국이다.

① "또 저가 수정 같이 맑은 생명수의 강을 내게 보이니 하나님과 및 어린 양의 보좌로부터 나서 길 가운데로 흐르더라 강 좌우에 생명나무가 있어 열두 가지 실과를 맺히되 달마다 그 실과를 맺히고 그 나무 잎사귀들은 만국을 소성하기 위하여 있더라"〈계 22:1-2절〉.

그 성곽은 벽옥으로 쌓였고 그 성은 정금인데 맑은 유리 같더라

② "그 성곽은 벽옥으로 쌓였고 그 성은 정금인데 맑은 유리 같더라"〈계 21:18절〉.

③ "그 열 두 문은 열 두 진주니 문마다 한 진주요 성의 길은 맑은 유리 같은 정금이더라 성안에 성전을 내가 보지 못하였으니 이는 주 하나님 곧 전능하신 이와 및 어린 양이 그 성전이심이라"〈계 21:21-22절〉.

(2) 천국에 없는 것은 무엇인가?

천국에는 마귀사탄과 죄가 없고, 사망이 없고, 저주와 형벌이 없고, 불행이 없고, 고통이 없고, 애통하는 것이나 곡하는 것이나 아픈 질병이 없고, 어둠이나 밤이 없고, 가증함과 더러운 것, 이별의 아픔도, 실패의 상처도, 낙심도 절망도 전혀 찾아볼래야 찾아볼 수 없는 곳이 바로 천국이다.

① "모든 눈물을 그 눈에서 씻기시매 다시 사망이 없고 애통하는 것이나 곡하는 것이나 아픈 것이 다시 있지 아니하리니 처음 것들이 다 지나갔음이러라"〈계 21:4절〉. 처음 것들이 다 지나갔음이러라

② "그 성은 해나 달의 비췸이 쓸데 없으니 이는 하나님의 영광이 비취고 어린 양이 그 등이 되심이라 만국이 그 빛 가운데로 다니고 땅의 왕들이 자기 영광을 가지고 그리로 들어오리라 성문들을 낮에 도무지 닫지 아니하리니 거기는 밤이 없음이라 사람들이 만국의 영광과 존귀를 가지고 그리로 들어오겠고 무엇이든지 속된 것이나 가증한 일 또는 거짓말하는 자는 결코 그리로 들어오지 못하되 오직 어린 양의 생명책에 기록된 자

들뿐이라"〈계 21:23-27절〉.

③ "다시 저주가 없으며 하나님과 그 어린 양의 보
좌가 그 가운데 있으리니 그의 종들이 그를 섬기
며 그의 얼굴을 볼터이요 그의 이름도 저희 이마
에 있으리라 다시 밤이 없겠고 등불과 햇빛이 쓸
데 없으니 이는 주 하나님이 저희에게 비춰심이
라 저희가 세세토록 왕노릇하리로다"〈계 22:3-5
절〉.

3. 천국에 들어가 영생복락을 누릴 자의 기본 자격

(1) 천국에는 누가 들어갈 수 있는가?

성경은 분명히 하나님의 어린양의 생명책에 자신의
구원 받은 이름이 기록된 자만이 우리의 영원한 본향
천국에 들어갈 수 있다고 말씀해 주고 있다.

하나님의 어린양의
생명책에 자신의 구원
받은 이름이 기록된 자

① "또 내가 보니 죽은 자들이 무론대소하고 그 보
좌 앞에 섰는데 책들이 펴 있고 또 다른 책이 펴
졌으니 곧 생명책이라 죽은 자들이 자기 행위를
따라 책들에 기록된 대로 심판을 받으니 바다가
그 가운데서 죽은 자들을 내어주고 또 사망과 음

부도 그 가운데서 죽은 자들을 내어주매 각 사람이 자기의 행위대로 심판을 받고 사망과 음부도 불못에 던지우니 이것은 둘째 사망 곧 불못이라 누구든지 생명책에 기록되지 못한 자는 불못에 던지우더라"〈계 20:12-15절〉.

② "사람들이 만국의 영광과 존귀를 가지고 그리로 들어오겠고 무엇이든지 속된 것이나 가증한 일 또는 거짓말하는 자는 결코 그리로 들어오지 못하되 오직 어린 양의 생명책에 기록된 자들뿐이라"〈계 21:26-27절〉.

③ "그 때에 네 민족을 호위하는 대군 미가엘이 일어날 것이요 또 환난이 있으리니 이는 개국 이래로 그때까지 없던 환난일 것이며 그 때에 네 백성 중 무릇 책에 기록된 모든 자가 구원을 얻을 것이라"〈단 12:1절〉.

그렇다면 과연 당신의 이름이 지금 하나님의 어린 양의 생명책에 기록되어 있는가?

당신의 이름이 지금 하나님의 어린양의 생명책에 기록되어 있는가?

(2) 천국의 백 보좌 위에 놓여 있는 하나님의 어린양의 생명책에는 과연 누구의 이름이 기록될 수 있는가?

　성경은 분명히 하나님의 독생자 예수 그리스도의 십자가 보혈의 복음을 믿고 그 심령이 완전히 거듭나서 구원받은 자의 이름만 어린양의 생명책에 기록될 수 있다고 말씀해 주고 있다.

요 1:12-13절 "영접하는 자 곧 그 이름을 믿는 자들에게는 하나님의 자녀가 되는 권세를 주셨으니 이는 혈통으로나 육정으로나 사람의 뜻으로 나지 아니하고 오직 하나님께로서 난 자들이니라."

요 3:5절 "예수께서 대답하시되 진실로 진실로 네게 이르노니 사람이 물과 성령으로 나지 아니하면 하나님 나라에 들어갈 수 없느니라."

눅 10:17-20절 "칠십인이 기뻐 돌아와 가로되 주여 주의 이름으로 귀신들도 우리에게 항복하더이다 예수께서 이르시되 사단이 하늘로서 번개 같이 떨어지는 것을 내가 보았노라 내가 너희에게 뱀과 전갈을 밟으며 원수의 모든 능력을 제어할 권세를 주었으니 너희를 해할 자가 결단코 없으리라 그러나 귀신들이 너희에게 항복하는것으로 기뻐하지 말고 너희 이름이 하늘에 기록된 것으로 기뻐하라 하시니라."

　그렇다면 과연 당신은 하나님의 독생자 예수 그리

스도를 나의 영속에 나의 구세주로 믿고 영접함으로
참으로 거듭나서 지금 당장 죽어도 믿음으로 천국
들어갈 하나님의 자녀의 자격을 갖추고 살아가고
있는지?

그런데 문제는, 한 가지 안타깝고 충격적인 사실이
있다. 그것은 곧 오늘날 이 세상에 많은 사람들이 천
국 갈 내세준비를 전혀 하지 않고 살아간다는 사실이
다.

그 이유는 한번 이 세상에 태어난 인생은 반드시 언
젠가는 죽는다는 사실과 죽은 후에는 반드시 하나님
의 심판대 앞에 서서 자기 일생 행위대로 심판을 받아
야한다는 사실을 까맣게 잊어버리고 매일 눈앞에 현
실생활에만 도취되어 살아가고 있기 때문이다.

> 이 세상에 태어난 인생은 반드시 언젠가는 죽는다는 사실과 죽은 후에는 반드시 하나님의 심판대 앞에 서서 자기 일생 행위대로 심판을 받아야 한다는 사실

히 9:27절 "한번 죽는 것은 사람에게 정하신 것이요 그 후
에는 심판이 있으리니."
약 4:13-14절 "들으라 너희 중에 말하기를 오늘이나 내일이
나 우리가 아무 도시에 가서 거기서 일년을 유하며 장사하
여 이를 보리라 하는 자들아 내일 일을 너희가 알지 못하
는도다 너희 생명이 무엇이뇨 너희는 잠간 보이다가 없어

지는 안개니라."

이제 사탄의 삼대속임수에 관한 말씀을 마치면서 마지막으로 의미심장한 실화 한 편을 소개하고자 한다.

어느 날 많은 선원들이 탄 배 한척이 대서양을 항해하던 중 예기치 못한 폭풍을 만나 표류 끝에 어떤 무인도에 구사일생으로 상륙을 했다. 그 후 그들은 배가 다 파선되었음으로 그 섬에서 탈출해 나올 길이 전혀 없었다.

그나마 다행한 것은 그들이 몇 달 동안 먹을 양식은 있었고, 배에 마침 싣고 왔던 곡식 종자는 남아 있었다. 또한 그 섬은 비옥한 땅이었음으로 열심히 씨앗을 뿌려서 농사만 잘 지으면 잘 살 수가 있었다. 그래서 그들은 밖에 나가 땅을 파고 종자를 뿌리려고 밭을 일구기 시작했는데 갑자기 땅 속에서 노다지 금 덩어리가 쏟아져 나왔다.

그들은 금 덩어리를 발견하는 순간부터 종자심어 농사해야 한다는 생각은 까맣게 잊어버리고 정신없이

금 덩어리 캐는 일에만 홀딱 미쳐버리고 말았다. 그래서 하루가 가고 열흘이 가고 몇 달이 지나가는 동안 가지고 있던 양식은 다 떨어지고 말았다. 그때야 그 선원들은 정신 차리고 서둘러 밭을 파헤치고 이미 다 말라 시들어버린 종자를 땅에 심기 시작했다. 그러나 이미 종자를 뿌릴 시기도 다 지났고 종자마저 다 말라 버렸기 때문에 농사는 완전히 실패하고 말았다. 이미 때는 늦었다.

그로부터 한 달이 지난 후 그 많은 선원들은 그들이 목숨 걸고 미친 듯이 캐내어 쌓아 놓은 금 덩어리를 끌어안은 채 다 굶어 죽고 말았다.

사랑하는 성도여러분!

오늘날 이 세상 사람들은 이 어리석고 불쌍한 무인도에 상륙한 파선한 배의 선원들과 같다. 이 사람들이야말로 이 땅 위에 욕심의 노예가 되어 눈에 보이는 이 세상 물질만 쌓느라고 혈안이 된 나머지 저 영원한 본향 천국에 들어갈 준비는 전혀 하지 않고 땅엣 것만 내려다보고 살아가고 있다.

이 세상 사람들은 이 어리석고 불쌍한 무인도에 상륙한 파선한 배의 선원들

요한일서 2:15-17절 "이 세상이나 세상에 있는 것들을 사

랑치 말라 누구든지 세상을 사랑하면 아버지의 사랑이 그 속에 있지 아니하니 이는 세상에 있는 모든 것이 육신의 정욕과 안목의 정욕과 이생의 자랑이니 다 아버지께로 좇아 온 것이 아니요 세상으로 좇아 온 것이라 이 세상도, 그 정욕도 지나가되 오직 하나님의 뜻을 행하는 이는 영원히 거하느니라."

벧전 1:24-25절 "그러므로 모든 육체는 풀과 같고 그 모든 영광이 풀의 꽃과 같으니 풀은 마르고 꽃은 떨어지되 오직 주의 말씀은 세세토록 있도다 하였으니 너희에게 전한 복음이 곧 이 말씀이니라."

성도 여러분! 그러므로 우리는 무슨 일이 있어도 언젠가는 다 망하고 불타 없어질 이 세상의 헛된 것만 바라보지 말고, 이 세상의 소망 구름 같고 부귀와 영화도 한 꿈인 줄 깨닫고 오직 저 <u>영원한 천국에만 소망</u> 두고 살아가야 하겠다. 아울러 지난날 사탄의 속임수에 속아서 이 세상 땅의 것만 크게 보고 살던 눈의 현주소를 이 사탄의 삼대 속임수에 관한 말씀을 공부한 이 시간부터는 즉시 천국으로 옮기시기를 주님의 이름으로 부탁드린다.

영원한 천국에만 소망

그리고 한 걸음 더 나가서 오직 영원한 천국에만 소망을 두고 그 천국만을 바라보는 믿음으로 우리 모두 장차 들어갈 천국을 이 땅에서부터 준비하고 연습하며 살아가시기를 바란다. 그렇게 살다보면 내 영혼 부르시는 그날 하나님께서는 하늘의 천군천사를 보내서 나사로처럼 저 영원한 본향 천국으로 영접해서 거기서 성삼위 하나님과 함께 영생복락을 누리며 살아가게 될 줄 믿습니다.

총결론

사랑하는 성도 여러분! 그리고 존경하는 독자 여러분!

우리는 이제껏 세 단원에 걸쳐 간교한 사탄의 삼대 속임수인 ① 기독교의 본질에 관한 속임수 ② 인간의 영과 혼과 몸에 관한 속임수 ③ 성도들의 영적 눈을 가리우는 속임수에 관해서 집중적으로 파헤쳐 왔다.

① 기독교의 본질에 관한 속임수
② 인간의 영과 혼과 몸에 관한 속임수
③ 성도들의 영적 눈을 가리우는 속임수

우리는 이 사탄의 속임수에 관한 말씀을 앞으로 일생동안 깊이 명심하고 기억하면서 아무쪼록 이 사탄의 간교한 속임수에 더 이상 속거나 미혹되지 말고 굳건한 믿음과 복음의 말씀으로 승리하며 살아가시기를 바란다.

끝으로 바라기는 이제 우리 주님 멀지 않아 피로 얼룩진 역사의 장을 닫으시고 이 땅에 만왕의 왕으로 다시 오시는 날 그 주님과 함께 저 천국에 들어가서 나와 여러분과 천만 성도들과 천천만만의 천국 천사들과 거룩한 새 예루살렘 황금보석 성 12진주 문 앞에서 다 함께 극적으로 만나 얼싸안고 춤추고 찬양하며 <u>성삼위 하나님</u>께 영광 돌리며 영생복락을 영원히 누리며 살아가시기를 다시 한 번 더 주님의 이름으로 축원하는 바이다.

<u>아멘!</u>
<u>할렐루야!</u>

사탄의 속임수

지은이	이상남
펴낸이	김민영
펴낸날	2010. 1. 27.
등록번호	제22-1453호
펴낸곳	도서출판 최선의 삶
	(우 137-876) 서울시 서초구 서초동 1589-5
	센츄리 오피스텔 511호
전　화	587-4737
팩　스	587-4733

＊ 책값은 표지에 있습니다.

I S B N	978-89-88657-36-2
총　판	(주)기독교출판유통
전　화	(031) 906-9191

E · Mail: Malipres@hitel.net

최선의 삶은 독자의 의견에 항상 귀기울이고 있습니다.